TRAITÉ

DES INTÉRÊTS.

IMPRIMERIE D'HIPPOLYTE TILLIARD,
Rue de la Harpe, n° 78.

TRAITÉ
DES INTÉRÊTS,

OU

COMMENTAIRE

DES ART. 1153, 1154, 1155, 1905,
1906, 1907, 1908 et 2089

DU CODE CIVIL,

PRÉCÉDÉ D'UNE PRÉFACE TOUCHANT LA MATIÈRE DES INTÉRÊTS
ET CONTRATS USURAIRES,

ET LES VUES DU CODE CIVIL SUR CETTE MATIÈRE;

Par M. COTELLE,

PROFESSEUR A LA FACULTÉ DE DROIT DE PARIS, ET AVOCAT A LA COUR ROYALE.

PARIS.

JANET ET COTELLE, LIBRAIRES,

RUE SAINT-ANDRÉ-DES-ARCS, Nº 55.

1826.

TRAITE DES INTERETS,

ou

COMMENTAIRE

Des articles 1153, 1154, 1155, 1905, 1906, 1907, 1908 et 2089 du Code civil.

PRÉFACE

Touchant la matière des intérêts et contrats usuraires, et les vues du Code civil sur cette matière.

SOMMAIRE.

1. Quel fut, dans notre droit civil, le résultat de l'abolition de la prohibition du prêt à intérêt?

2. Funeste effet de cette prohibition dans ses suites, justement corrigé.

3. Objet et forme de cette abolition par le décret de l'Assemblée nationale.

1

4. Comment la mesure de la réserve du taux
légal commença à être écartée et le fut définitivement par abus.

5. Cause de la loi du 5 septembre 1807. Ce
qu'elle laissa subsister de l'abus pratiqué.

6. Que cette disposition n'est pas regardée
comme un aveu que la liberté ait été légale,
qu'on a seulement cédé à une erreur commune.

7. Que sans revenir sur ce point réglé on com-
bat l'erreur de principe conservée par l'article 1907 du Code.

8. Que l'on se propose principalement de fonder
les bases de ce Commentaire.

9. Qu'il ne s'agit pas de rapporter les considérations morales et religieuses présentées jusqu'ici ; on a seulement en vue la partie civile
positive pour fixer l'attention sur deux points
qui divisent cette préface.

10. Examen et fausseté da la proposition qui a
servi de base primitive de l'affranchissement
du taux en déclarant que l'argent est marchandise.

11. Rapport de l'argent avec la marchandise et de la marchandise avec l'argent.

12. Que l'argent ne forme pas simplement le prix de soi-même.

13. Que l'intérêt n'est donc pas le prix de l'argent en lui-même : ce qu'il est, et comment il y a une véritable distinction de l'intérêt juste et de l'usure injuste et criminelle.

14. Qu'ainsi l'usure n'est pas un délit arbitraire, et comment Dumoulin fonde la distinction de ce qui rend l'intérêt légitime.

15. Que le principe est reconnu par tous les bons moralistes, les casuites eux-mêmes.

16. Que pour établir la justice de l'intérêt dans le principe de la privation d'un gain et de la naissance d'un préjudice, du *lucrum cessans et damnum emergens*, il ne sagit que de fixer un point de départ.

17. Son siége est dans la fonction propre de la monnaie.

18. Comment l'argent produit en faisant avoir les choses qui produisent, et dont les produits donnent de l'argent.

19. C'est en raison de cette production des cho-

(4)

ses que se détermine ce que l'argent peut produire,

20. En général, c'est par sa conformité et son
rapport avec le produit des choses, et en dernière analyse, c'est par son rapport avec le
louage des biens que l'intérêt se légitime.

21. Sans ce rapport, l'intérêt, qui n'est plus
qu'un prix arbitraire de la possession de l'argent, est une exaction aussi absurde qu'injuste.

22. Image de l'effet et du résultat d'un prêt
semblable.

23. Conclusion que tout prêt à intérêt a pour fin
un profit qui met à même de le payer sans al-
térer le capital.

24. Objection tirée de la diversité des spéculations, et des gains, pour laisser l'intérêt arbitraire, insoutenable.

25. Que l'usure, dans le principe, n'a pas eu le
fondement que l'on lui cherche; manière dont
il a été réglé chez les Romains, et note importante sur ce point d'histoire.

26. Réglement de Constantin adopté par le concile de Nicée pour les clercs.

de 1789, est préférable à la fixation faite par la loi actuelle.

35. Inconvénients de cette fixation à un taux plus cher.

36. Utilité de rechercher une mesure qui sépare les intérêts du commerce de ceux civils.

37. Caractères propres à séparer les intérêts du commerce de ceux ordinaires ; que les moyens de sûreté des obligations civiles y sont opposés ; inconvénient de leur emploi.

38. Moyen d'y remédier, qu'il n'est pas de gêner les prêts dans leur application.

39. Qu'il ne faut pas renoncer à établir des règles par rapport à la difficulté d'empêcher les infractions.

40. Que la mesure est dans l'application des sûretés hypothécaires ; comment elle s'explique, et la réserve qu'on est obligé d'y mettre.

41. Que le résultat des points démontrés dans la première partie, c'est la nécessité du taux légal en tout temps.

42. La loi qui le fixe est la déclaration du rapport de l'intérêt avec les produits. Effet de ce

Romains, qui admettaient la stipulation prohibée chez nous, et rétablie par l'article.

62. Objection tirée de ce que les conventions sur les choses mobilières ne sont susceptibles de lésion : sa réponse dans le défaut de liberté.

63. Que l'on a passé de la prohibition trop absolue dans un excès contraire.

64. Indication de l'objet du commentaire sur les articles du Code.

PRÉFACE.

1. LE rétablissement de la liberté des stipulations d'intérêts sur les obligations à terme, fait par le décret de la première Assemblée nationale, au mois d'octobre 1789, a ramené notre droit civil à des rapports qui étaient, sinon ignorés, du moins oubliés depuis long-temps. Tout, jusqu'à cet acte législatif, s'était réduit à la simple prohibition la plus absolue du prêt à intérêts ; et l'usure, ce véritable délit, n'était pas tant dans l'excès de leur perception, que dans la perception elle-même, qui enfreignait la prohibition.

2. Sans nous occuper ici du fondement de cette prohibition, qui trouvera sa place dans le cours de cet écrit, nous pensons qu'il n'est pas hors de propos d'en considérer le résultat. Comme tout, dans l'opinion et dans le cours de la vie civile, résistait à cette prohi-

bition, c'était un état violent, dans lequel le tort de l'infraction d'une loi qui n'était plus respectée, se confondant avec celui plus réel de la méconnaissance des justes limites à mettre aux perceptions d'intérêts, faisait disparaître, en quelque sorte, ce que l'usure avait de véritablement criminel, parce que l'on se croyait aussi bien permis de fixer les intérêts selon la seule mesure de son avidité pour le gain, que de les stipuler contre la prohibition des lois.

5. C'est dans cette situation que l'Assemblée nationale porta ce décret dont on vient de parler (1) ; elle y mit bien la condition de ne pas excéder le taux de la loi, auquel se trouvaient assujettis et les arrérages des

____

(1) Voici les termes du décret, qui est du 2 octobre 1789 :

« L'Assemblée nationale a décrété que tous particuliers, corps, communautés et gens de main-morte, pourront à l'avenir prêter l'argent à terme fixe, avec stipulation d'intérêt, suivant le taux déterminé par la loi, sans entendre rien innover aux usages du commerce. »

rentes constituées et les intérêts qui pouvaient s'adjuger par jugements, soit comme dus de plein droit, soit à cause de la demeure, dans l'acquittement des dettes de sommes d'argent.

4. Mais cette mesure, aussi juste que sage, ne put pas subsister long-temps : d'abord on abusa de la disposition du décret de 1791, portant établissement de la contribution foncière, relative aux retenues sur les rentes et intérêts, qui statuait que l'on pourrait stipuler les intérêts francs de retenue ; ce fut en étendant cette liberté à toutes sortes de conventions d'intérêts, tandis qu'elle n'était que le rappel d'une ancienne règle, qui permettait cette stipulation dans les ventes d'immeubles seulement, et à raison de ce que les intérêts répondaient à des perceptions de fruits et jouissance, qui n'avaient point de limites. Bientôt après, dans ce temps de désordres où les lois semblaient s'accumuler pour en accélérer les excès, toutes idées de juste et d'injuste dans ces sortes de

transactions s'anéantirent comme dans toutes les autres, et leurs bases essentielles dis-
parurent, ou se confondirent dans l'oubli de
la distinction de la propriété du signe des
valeurs, d'avec celle de la représentation de
ce signe. Comme la pente vers l'iniquité est
fort rapide, lorsque la force des choses vint
à rétablir cette distinction, on se plut à conserver cette partie de la confusion qui avait
effacé dans l'opinion toute limite entre l'intérêt permis et l'intérêt injuste et usuraire.

5. Cet état de choses, aussi nuisible au
commerce, que contraire à la morale publique, fit porter la loi du 5 septembre 1807,
qui a rétabli partout le taux légal des intérêts ; mais, soit par une fausse idée sur la ré-
troactivité, soit par une fausse impression
de l'opinion injuste qui avait régné, on main-
tint, par une disposition de cette loi, les stipulations d'intérêts dans les contrats faits
jusqu'alors, comme on respecte tout ce qui
a été contracté sous la foi publique.

6. Il ne faut pas croire cependant qu'on ait avoué, contre l'évidence de l'état de la législation, que jamais il y eût eu un véritable affranchissement du taux légal qu'avait conservé l'assemblée de 1789 ; mais on a sans doute pensé que l'opinion de cette liberté avait eu un fondement assez apparent et avait été assez répandue pour exclure toute recherche sur les stipulations passées ; et l'on parut croire, qu'autant l'intérêt public réclamait de faire cesser l'abus pour l'avenir, autant il était nécessaire de ne pas revenir sur le passé.

7. Je n'ai certainement pas l'idée de réveiller l'attention sur un point que l'on peut regarder comme très définitivement réglé ; mais comme les dispositions du Code se sont senties de l'impression qu'avait laissée le préjugé si funeste de la liberté de l'intérêt conventionnel, comme elle est proclamée en principe par l'article 1907, et comme on y a présenté le retour à l'assujettissement au

taux légal, plutôt comme une affaire de police accidentelle que comme un point d'ordre civil, nécessaire dans tous les temps, il m'a paru d'une utilité pressante de rappeler et de fixer les idées sur le principe fondamental de la mesure que l'on ne peut refuser d'assigner aux intérêts de toute nature. Ce principe servira souvent aussi à répondre aux différentes questions que fera naître l'interprétation des articles du Code, que le Commentaire qui suivra doit comprendre.

8. C'est donc pour fonder sur des notions certaines l'explication que je me propose de donner des dispositions du Code qui embrassent cette matière, ainsi que des lois qui y ont rapport, que j'ai résolu de faire précéder ce Commentaire de considérations sur ce qui peut assurer la distinction invariable des intérêts permis et de ceux usuraires, ainsi que les mesures pour les faire garder.

9. Je n'ignore pas que beaucoup de bons écrits ont été publiés dans ces derniers temps

sur cette matière ; aussi mon objet n'est pas d'embrasser le développement des considérations ; soit morales et religieuses, soit politiques, que presque tous ont eu pour principal objet. Comme dans le dessein que j'embrasse, tout doit tendre à l'explication des dispositions du Code, je m'arrête principalement à la partie civile et positive ; elle ne comporte pas une grande étendue.

Cette préface embrassera deux points : dans le premier, je rechercherai les bases d'une juste fixation des intérêts ;

Dans le second, j'examinerai les dispositions du Code civil qui se trouvent incompatibles avec ces bases, et qu'il paraît nécessaire de modifier.

§ 1er.

10. On sait que l'affranchissement du taux de l'intérêt légal s'est fondé primitivement sur ces décrets de circonstance, qui ont déclaré l'argent marchandise : si la proposition

d'une telle déclaration eût été faite dans un temps ordinaire, elle n'eût paru qu'un paradoxe insupportable ; c'est ce que montre l'auteur de l'Esprit des lois (1). La monnaie d'or et d'argent n'est qu'un signe de toutes les valeurs ; sa fonction propre est de représenter les choses en formant leur prix ; elle ne saurait donc être une marchandise.

12. En effet, la marchandise c'est ce qui a un prix, et le prix n'est que l'argent ; l'argent devient si l'on veut une marchandise, sous ce rapport, que par l'effet de la parfaite représentation, la marchandise représente l'argent, comme l'argent fait la marchandise,

______

(1) *Esprit des Lois*, chap. 5 et suiv. Je n'ignore pas que ce que j'établis ici paraîtra contraire aux derniers écrits des économistes les plus renommés ; mais en y faisant attention, ce n'est que dans des applications auxquelles ils ne se sont pas fixés avec la même rigueur.

L'argent et l'or métal sont une marchandise qui a son prix comme toute autre ; mais l'argent monnoyé est différent : on y distingue bien sa valeur intrinsèque qui est le degré de fin ; mais il y a la valeur virtuelle sur laquelle nous raisonnons, et c'est sur elle que tombent nos explications suivantes.

et qu'il y a échange de l'un contre l'autre ; mais hors ce rapport, l'argent n'est pas, plus qu'autre chose, le signe de soi-même, et il ne peut pas former son propre prix : cela est de toute évidence.

12. De même qu'on ne loue pas un fonds, comme une terre, une maison, pour une partie de lui-même, à moins que ce ne soit un accroissement, un produit de la chose, comme des fruits, et qu'un fonds qui ne produit rien, ne peut avoir un prix que moyennant ce signe des valeurs, de même l'argent qui, cette qualité de signe à part, n'est susceptible de donner aucune production ni aucun accroissement, ne peut pas former son propre prix.

13. Ainsi l'intérêt ne peut pas être considéré comme le prix de l'argent en lui-même, mais c'est un accroissement que l'on y admet et qui s'envisage et se légitime sous d'autres rapports ; il se légitime en imitant les produits, et autant qu'il peut, par cette imita-

tion, venir en paiement, sans que le fonds en soit altéré. Il faut donc trouver ces rapports, sans lesquels l'intérêt ne pourroit être admis comme une juste perception. C'est là le fondement de sa distinction d'avec l'usure, distinction qui, d'après le même auteur de l'Esprit des Lois (1), n'est pas chimérique.

14. Il est certain que si cette distinction est fondée sur une base certaine, l'usure n'est pas un délit purement arbitraire. Or cette base est clairement établie par le savant Dumoulin (2) ; il distingue l'intérêt qui ne serait qu'un prix du prêt, prix vain et abusif, dit-il, et toujours en contradiction avec le principe naturel de ce contrat bienfaisant, et celui qui est seulement la juste indemnité de la jouissance que l'on a des deniers d'autrui, ou le prix d'un négoce utile, dans le-

____

(1) *Esprit des Lois*, liv. 22, chap. 19.

(2) *Tractatus usurar., et redituum quœst.* 1, n° 5

quel l'un préférant tirer de son capital un revenu certain et exempt de tous soins de sa part, remet ce capital à un autre qui, en l'employant dans le commerce, en retire un profit réel.

On doit concevoir que le commerce est employé ici dans son sens étendu, embrassant tous les négoces de la vie civile, et que l'on s'occupe des intérêts sous le point de vue le plus universel.

15. Cette juste indemnité, c'est ce que la plupart des casuites eux-mêmes ont pris pour point d'appui, lorsque ne pouvant s'opposer, dans les derniers temps, à la résistance univoque qui s'élevait contre la prohibition, ou plutôt à la nécessité qui rendait communes les perceptions d'intérêts des prêts, même parmi les personnes les plus manifestement fidèles aux préceptes de la religion, ils se servaient, pour régler leur tolérance, de ces termes usités, *lucrum cessans, et damnum émergens*: perte du gain, naissance du préjudice,

qui sont les termes du réglement de toute juste indemnité.

16. Rien de plus certain que cette nécessité de rechercher, dans une balance de la perte au gain, le fondement de la justice d'une perception d'intérêts, envisagée comme une juste indemnité de la privation qu'éprouve de son capital celui qui le prête, et de l'utilité que l'emprunteur en retire en son lieu. C'est, à la vérité, plutôt un point de fait dépendant de circonstances qui varient à l'infini, qu'un point de droit dont on ait à analyser les principes ; mais cette variation du fait n'est pas telle qu'elle ne puisse laisser apercevoir une vue générale ou un point de départ propre à établir la discussion du point de fait, et en faire ressortir la justice ou l'injustice du négoce.

17. Ce point de départ, c'est la propre fonction de la monnaie ; ce n'est pas, comme on l'a répété souvent, la seule abondance des monnaies, qui s'est prodigieusement accrue

depuis l'établissement du commerce dans les Indes, qui peut en fixer tout le résultat, elle peut avoir seulement généralisé davantage ce qui n'a jamais cessé d'être ; car tout ce que l'on peut dire de la rareté de l'argent, c'est que le besoin a plus de part alors aux prêts : mais il n'en faut pas moins venir à la recherche des causes du besoin où se trouvent toujours les mêmes rapports.

18. C'est donc dans la fonction propre de la monnaie qu'est le principe que l'on recherche : or cette fonction est de régulariser le commerce, en donnant dans une représentation parfaite, qui résulte de la valeur virtuelle de la monnaie, la mesure de toutes les valeurs réelles ; avec l'argent ou la monnaie, on se procure toutes les autres choses, on obtient la jouissance comme la propriété des biens. L'argent ne produit pas lui-même, mais il nous procure toutes les productions. Les choses que l'argent représente donnent des produits qui, eux-mêmes, se changent en

argent, et produisent par conséquent de l'argent. Il me semble que cette démonstration si palpable répond assez au préjugé fondamental de la prohibition, que l'argent ne produit pas de l'argent : préjugé vrai en lui-même, comme je l'ai montré en commençant, mais absolument faux dans le résultat, puisque l'argent produit toutes les choses qui produisent de l'argent.

19. La conséquence aussi juste que nécessaire de ce premier point établi, c'est que l'argent ne produisant de l'argent que par le moyen des choses qui en produisent, c'est en raison de cette production des choses, que peut se déterminer la mesure de ce que l'argent peut produire.

20. On peut donc décider en général, que tout intérêt qui excède le gain légitime que peut faire l'emprunteur, ou le débiteur, avec la somme prêtée ou due, ou qui excède la perte ou le préjudice que le prêteur ou le créancier peut souffrir de la privation de son

capital, est par cela même injuste et usuraire. Il me semble qu'en partant de cette règle, c'est en dernière analyse le louage des biens qui doit donner la mesure de l'intérêt que l'on peut lui comparer. La somme moyennant laquelle on peut acheter un fonds qui produit un revenu dans des fruits et jouissances qui se convertissent en argent chaque année, peut sans difficulté se louer elle-même, pour un prix semblable ou approchant. On sent qu'ici l'approximation est nécessaire, soit par la variation du prix des choses, soit par la quantité de choses différentes qui subissent la même loi ; l'intérêt de l'argent est donc une imitation juste et naturelle du produit de tous les fonds, dans laquelle celui qui aurait pu acheter des fonds pour les louer, loue par abréviation du négoce son capital à quelqu'un qui se procurant des fonds, ne fait qu'échanger, dans le paiement de l'intérêt du capital, les fruits ou la jouissance dont il profite.

3

21. C'est donc dans le louage des biens qu'est le principe de justice du louage de l'argent, et ce qui légitime l'intérêt dans les obligations à terme. C'est là que l'on trouve ce rapport de la perte au gain dont l'équité n'a jamais souffert de difficulté. Ce rapport est nécessaire ; car sans lui, que seroit l'intérêt, sinon un prix donné par la possession de la somme prêtée, qui serait dépourvu de toute mesure, et dont la cherté pourrait emporter si rapidement la consommation du capital, que cette possession deviendrait inutile ? Si un tel excès, qui ne se rencontre que trop, n'était soutenu par les passions qu'il alimente et le désordre qu'il soutient, il n'y aurait point d'intérêt conventionnel sous un tel rapport.

22. En effet, si l'on disait à quelqu'un : je vous prête telle somme pour me la rendre par parties égales en trois, ou quatre, ou cinq ans, et pour me la rendre entière à l'échéance de ce terme, on sent combien celui-ci serait révolté. Telle est cependant du plus au moins

l'image de l'usure, qui n'a point de proportion, ni de rapport avec un produit quelconque que l'argent peut procurer; aussi l'on peut
penser qu'il n'y a d'emprunteur ni de prêteur
sous de semblables conditions, que parmi les
hommes immoraux, dont les uns sont livrés
à l'ivresse des passions les plus délirantes, et
les autres dans une sorte de guet-à-pens pour
les surprendre et les dépouiller.

23. Il faut donc admettre que tout prêt à
intérêt a pour fin de la part de l'emprunteur
la spéculation d'un profit ou d'un produit qui
doit le mettre à même de payer l'intérêt convenu sans être hors d'état de rembourser le
capital; cela ne peut se trouver que dans le
rapport de l'intérêt convenu avec le produit
qui peut s'obtenir par le moyen du capital.

24. On dira que dans la diversité infinie
des spéculations et la variété correspondance
des produits que l'industrie procure, on ne
peut rendre raison des vues de toute personne

3.

qui emprunte l'argent d'autrui ; que si l'emprunteur souscrit au prix qui lui en est de-
mandé par le prêteur, c'est qu'il regarde, et
il faut regarder avec lui, l'intérêt comme l'é-
quivalent ou le juste produit du prix qu'il se
propose de retirer du négoce auquel l'em-
prunt est destiné.

C'est ordinairement là le plaidoyer de l'u-
sure, qui, pour ne pas s'avouer son injustice,
l'enveloppe dans une semblable hypothèse ;
mais elle reste dans toute son iniquité, qui sera
fort à découvert si l'on veut faire attention
qu'il s'agit moins dans cette hypothèse du
rapport de l'intérêt avec un produit présumé,
qu'avec les vues d'un avenir incertain et dont
les chances ne peuvent luire que dans une
imagination déréglée. Ce n'est pas dans le
seul calcul de l'emprunteur que doit se trouver le rapport de l'intérêt de l'argent avec les
produits des choses : il ne suffit pas pour jus-
tifier la bonne foi du prêteur : il faut que ce
rapport soit tiré des choses communes de la
vie. C'est dans ce seul rapport que peut être

le fondement de la justice de l'intérêt des prêts et de la distinction de l'intérêt juste et légitime, d'avec le véritable délit de l'usure; distinction établie par Dumoulin et avouée par l'auteur *de l'Esprit des Lois* (1).

25. Il est vrai que si l'on consulte les renseignements fournis par l'histoire sur l'établissement de l'usure, qui est aussi ancien que l'usage de la monnaie, on ne trouve nulle part ce fondement d'une règle assurée. L'usure sort naturellement de ce que la monnaie était rare et n'était que dans les mains des riches, qui sont toujours en petit nombre, et du besoin de la classe pauvre, qui était par conséquent la multitude : l'excessive pauvreté du peuple, la difficulté d'avoir des subsistances, et, par-dessus tout, l'occupation de la guerre sans cesse renouvelée, paroissent avoir été les causes de son prodigieux accroissement à Rome; elle eut la forme d'un retour périodi-

_____

(1) Chap. 19 ci-dessus.

que avant de connaître des limites. Il paraît que l'on crut la modérer, en la fixant à un centième du capital par chaque mois, ce qui constitua l'once usuraire. De sorte que l'as ou l'intérêt total, qui se composait de douze onces, fut de douze centièmes, ou de douze onces pour l'année ; ainsi en cent mois, ou en huit ans et quatre mois, le capital était égalé par les intérêts perçus ou accumulés. Cette modération peut sans doute paraître une exaction très dure : aussi fut-elle une cause aussi active que durable des troubles dont la république fut agitée ; ces troubles ne cessèrent qu'après que Rome eut été soumise à un pouvoir monarchique, capable de les comprimer. D'ailleurs les Romains étant alors devenus plus riches, l'usure fut moins sensible dans la capitale de l'empire ; ce fut sur les peuples conquis et dans les provinces qu'elle exerça ses ravages (1).

---

(1) On verra sans doute avec surprise que je m'élève ici contre un sentiment accrédité par le savant Pothier, et suivi

26. C'est en effet ce qui peut s'induire d'un rescrit de Constantin adressé au préfet de la Palestine en 325, qui paraît être le premier

---

par l'auteur de la critique de l'*Esprit des lois*, qui consiste à interpréter la loi des Douze Tables, ou, plutôt, l'article que Pothier en a rétabli en ces termes :

Si quis unciario fœnore amplius fœnerassit, quadruplione luito.

En ce sens que cette loi n'aurait permis que l'usure d'une once par année.

Cette assertion est l'objet d'une dissertation très étendue qui forme le chap. 7 du traité de Saumaise, *De modo usurarum.*

Pothier a rétabli ce texte d'après un passage de Tacite qui dit simplement (Annal. vi. 14), que l'excès des usures était une cause fréquente de troubles et de séditions, qu'on y mit un frein dans un temps où les mœurs étoient moins corrompues, en statuant, par la loi des Douze Tables, que l'usure ne pourroit être de plus de l'once usuraire.

Sane vetus urbi fœnore malum et seditionum discordiarumque celeberrima causa : eoque cohibebatur, antiquis quoque et minus corruptis moribus ; nam primo duodecim tabulis sanctum, ne quis unciario fœnore amplius exerceret, cum antea ex libidine locupletium agitaretur : dein rogatione tribunitia ad semi-uncias reducta, postremo vetita versura.

Dumoulin a nié que la loi des Douze Tables eût statué sur ce point, qu'il a taxé Tacite d'avoir hasardé. Il s'est fondé

réglement qui ait été porté par les empereurs sur ce point d'ordre public. Ce rescrit se borne à réduire le taux de l'intérêt en na-

---

sans doute sur ce que Tite-Live rapporte cela (liv. vii.) à une loi portée sur la proposition du tribun Duellius, sous le consul Cn. Manlius, dix ans après la loi des Douze Tables ; mais Pothier s'est encore appuyé sur un passage du livre de Caton, *De re rustica*, où il dit que le vol étoit puni du double, et l'usure de la peine du quadruple ; ainsi, sans insister sur le doute de Dumoulin, et en tenant comme certain ce chapitre de la loi des Douze Tables, rétabli sur l'autorité de Tacite, je me bornerai à examiner sur quel fondement on a pu prétendre que ce premier réglement sur le taux de l'intérêt des prêts l'ait réduit à une once pour l'année, au lieu d'une once par mois.

Une première observation essentielle, c'est que jusqu'à la loi qui porte cette disposition, il n'y avoit eu, selon le témoignage de l'historien, aucunes bornes aux usures : les riches les exerçoient *ex libidine*, c'est-à-dire selon la mesure de leur avarice. Ce fut la première loi portée sur cet objet : il put en conséquence paroître suffisant de réduire l'usure à une once par mois, ou douze onces par an ; l'on ne voit pas ce qui a pu conduire à appeler l'once usuraire de la loi l'once annuel, et à quoi se rapporteroit cette division de l'as en douze onces, si l'once étoit le prix de l'intérêt pour l'année entière, et si, comme le dit Pothier, comme une conséquence

ure de fruits secs ou liquides, au tiercement
de la quantité prêtée, et à maintenir l'intérêt
du prêt en argent au fur de la centésime,
qu'il défendit d'excéder.

---

de ce système, l'intérêt ne devrait être que d'un douzième
d'once par chaque mois.

Il est incontestable qu'avant la loi des Douze Tables, l'u-
sage de la perception des intérêts des capitaux, tant à Athè-
nes qu'à Rome, étoit de les diviser et de les percevoir par
mois et non par année : c'est pourquoi la réunion pour l'année
des douze onces, ou des douze mois, fut appelée as, ou un
tout composé de ses douze parties. Lors donc que l'historien
rapporte, sans autre explication, que la loi défendit d'excéder l'once fœneratice, il exprime ce qui s'entendoit dans l'u-
sage par cette once, qui étoit un douzième de l'as, et c'étoit
la perception d'un mois et non de toute l'année.

En effet, cette once s'appeloit aussi l'usure centésime, parce
qu'elle formait le centième du capital : de sorte que, pour
adopter l'idée que la loi fixait à l'once l'intérêt annuel, au
lieu de l'intérêt mensuel, il faudrait supposer que les intérêts
perçus ou accumulés n'auraient égalé le capital qu'en cent ans
au lieu de cent mois, ou huit ans et quatre mois.

S'il en eût été ainsi, on ne comprend pas comment depuis
ce réglement qui aurait presque anéanti l'intérêt, en le ré-
glant, l'excès des usures aurait pu être une cause de troubles
et de séditions, et comment, cinq ans après, une nouvelle loi
serait venue réduire ce même intérêt à la moitié de l'once.

Alors le concile de Nicée était assemblé, et le réglement de Constantin fut aussitôt suivi du canon dix-sept de ce concile, qui, em-

------

On conçoit bien qu'on ait pu, cinq ans après, réduire l'intérêt de douze pour cent à six, et que l'également du capital ait pu être porté à seize ans, au lieu de huit. Mais il n'y a aucun moyen de comprendre que l'on ait pu aspirer à réduire l'intérêt d'un pour cent, pour l'année, à un demi pour cent, et à porter l'également du capital à deux cents ans, au lieu de cent ans ; cela présente plutôt une absurdité que l'idée d'une véritable modification du réglement.

Enfin l'usure fut tout-à-fait abolie : et l'on voit que cette abolition n'ayant pu subsister, l'usure se rétablit d'elle-même. On se demande pourquoi alors se rétablit-elle sur le taux de la centésime ? pourquoi fut elle appelée, sur ce taux, l'usure légitime, si ce n'est parce que c'étoit le taux fixé par la loi ? car il est à remarquer que tout ce qui fut appelé légitime dans ce vieux langage, se rapportait toujours à cette loi ancienne et primitive, la loi des Douze Tables. C'était la loi par excellence : ainsi l'on disait les actions légitimes, les pactes légitimes ; tout se rapportoit uniquement à ce fondement primitif du droit civil.

Mais ce taux légitime es intérêts est parvenu à être considéré comme un *maximun*, ou l'usure la plus élevée ; elle est ainsi qualifiée dans toutes les lois. Cela est venu de ce que Rome étant devenue plus riche, l'intérêt s'abaissa naturellement, et les hommes honnêtes ne le portèrent pas au-

brassant le même objet, fit défenses aux clercs, sous peine d'être déposés, de pratiquer cette usure des fruits et même celle dite centésime. Ce canon est digne d'être remarqué par deux circonstances, la première, parce qu'il ne s'adressait qu'aux personnes du clergé et non aux fidèles. L'usure était donc

---

dessus de six ou huit pour cent; telle-étoit la situation des choses, lorsque Justinien porta le dernier réglement par sa loi *Eos*, au Code *de usuris*.

Constantin avait fait un premier réglement sur le taux des intérêts, mais il n'avait embrassé que l'intérêt des prêts ou avances, en fruits secs ou liquides, qui n'avaient eu jusque là aucune mesure, et il rappela par occasion l'usure centésime des prêts ordinaires, qu'il défendit d'excéder.

Tout porte donc à croire que l'interprétation donnée à la loi des Douze Tables, pour changer l'once usuraire en un taux annuel est fausse : non-seulement rien ne la justifie, mais tous les faits que l'histoire retrace, et la situation connue des choses y résistent ouvertement ; je m'engagerais volontiers à réfuter toutes les preuves dont Saumaise a étayé ce système par leur seul résultat.

Mais il suffit ici qu'il soit certain que l'on a entendu par l'usure centésime dans les lois, et dans les réglements de Constantin et de Justinien, l'usure d'un pour cent par mois, et par conséquent de douze pour cent par an.

encore permise ou du moins tolérée par l'E-
glise pour le commun des fidèles ; la deuxième, parce que la défense faite aux ecclésias-
tiques de pratiquer l'usure est appuyée, non
sur le verset de l'Évangile *mutuum date*, que
l'on donne aujourd'hui comme le fondement
de la prohibition, mais sur les paroles du
psaume 14 (1) qui, expliquant les perfec-
tions nécessaires pour approcher du saint ta-
bernacle, c'est-à-dire pour être agréable à
Dieu, portent...... C'est celui qui n'a pas
prêté son argent à usure (2).

27. Ce fut donc Justinien qui fit le premier

------

(1) Le canon s'exprime ainsi :

*Quoniam plerique, qui in canone recensentur, avaritiam
et turpem questum sectantes, obliviscuntur divinæ scripturæ
(Psalm. 14) dicentis : Pecuniam suam non dedit ad usu-
ram ; et fœnerantes centesimas exigunt ; æquum censuit
sancta et magna synodus ut si quis inventus fuerit post hanc
definitionem usuras sumere ex mutuo, dejiciatur a clero
(dist. 47, causa 2.)*

(2) D. Psalm. 14 V. 5g.

un vrai réglement général sur ce point (1) ;
il ne prit pas à la vérité pour base de la mesure de l'intérêt la valeur des produits territoriaux ni d'aucune autre nature, mais il
procéda par une distinction des qualités des
personnes et des différentes causes des prêts.
Il mit au premier rang les personnes distin-
guées du commun peuple, *nobiles* ; c'étaient
les patriciens et autres personnes qualifiées.
Il défendit à ces personnes de prendre l'intérêt au-dessus du tiers de la centésime,
c'est-à-dire du taux de quatre pour cent par
an, pour les prêts ordinaires ; ensuite il fixe
le taux des intérêts pour les négociations du
commerce de terre à huit pour cent, et c'est
pour les prêts maritimes seuls qu'il permet
l'usage de la centésime ; qu'il défend même
dans ce cas d'excéder.

Cette loi porte ensuite le renouvellement
des anciennes dispositions faites en haine de

____

(1) 1 L. *Eos* 26, Code *de usuris.*

l'usure, en statuant, 1º qu'un capital cesserait de porter intérêts quand ceux qu'il aurait produit l'auraient égalé ; 2º que tous intérêts échus et dus ne pourraient produire eux-mêmes d'autres intérêts, même par l'effet de la novation.

Ce réglement était loin d'atteindre la perfection : la distinction des personnes n'était pas un moyen sûr de modérer l'usure centésime , soit parce qu'elle demeurait permise aux autres , soit parce qu'elle était par cela même aisément éludée ; d'un autre côté, c'était un vice dans un sens opposé que de prescrire des mesures aux intérêts maritimes, dont la nature est de se proportionner aux risques dans lesquels entre celui qui fait le prêt, et dont ils sont le prix ; mais il fut précieux sous deux points de vue, le premier en faisant reconnaître la nécessité de donner une mesure aux intérêts des prêts ordinaires, le second en établissant la distinction des intérêts du commerce, tant de terre que de mer, de ceux ordinaires.

28. Sous le premier point de vue, cette loi ne fonda pas cette mesure sur son vrai principe, mais elle s'en approcha par le fait, en ce que les personnes de distinction qu'elle y soumit sont ordinairement des propriétaires de biens-fonds; or le taux de quatre pour cent correspondait assez parfaitement à la mesure générale du produit commun de cette espèce de biens.

C'est ce que l'on voit par une décision du jurisconsulte Paul (1), qui, pour le réglement de la quarte falcidie, estime les biens sur le pied d'un revenu du tiers de l'as usuraire ou de quatre pour cent, ou un pour vingt-cinq, ce qui est le taux des intérêts ordinaires réglés pour cette classe.

29. Dumoulin justifie cette évaluation en observant que, dans le temps du jurisconsulte Paul, l'intérêt le plus usité des prêts

---

(3) L. 3, ff. *ad leg. falcid.*

n'était que de huit pour cent, parce que les personnes probes réprouvaient la centésime comme un taux excessif et n'osaient pas l'exiger, et que, lorsqu'il s'agissait de l'évaluation des fonds de terre, on avait égard à la variation des produits, les récoltes de blés et de vins n'étant pas toujours constantes et égales, et leur production exigeant beaucoup de frais et de fortes avances ; que ces considérations avaient dû déterminer ce taux moyen de l'évaluation.

Le même ajoute ensuite, que ce taux de quatre pour cent, pour la valeur du produit des biens-fonds, était la même encore au temps où il écrivait ; c'est de 1540 à 1550. Il montre qu'alors les rentes foncières et les revenus des biens-fonds étaient du denier 30 au denier 20, suivant leur nature et leur situation, que le denier 30 était le taux de Paris, et le denier 20 celui des biens de l'Auvergne et du Bourbonnais ; enfin, qu'une maison louée, à Paris, cent francs, se vendait jusqu'à cinq mille francs.

30. Il y a apparence que ces lumières, répandues par ce jurisconsulte, ont pu influer beaucoup sur l'abaissement qui eut lieu peu après, des rentes et intérêts. Il paraît en effet que jusque là on avait suivi l'usage des anciennes usures : le taux était au denier 12 ou 9 pour cent, comme du temps de Paul, et la modération de Justinien n'y avait rien changé, par la raison que ses lois n'avaient eu aucune autorité dans les Gaules, où elles n'avaient pu même être promulguées ; le Code théodosien s'y observait toujours. L'intérêt s'était même élevé au denier 10, mais il fut rabaissé au denier 12 par Charles IX, ensuite au denier 16 par Henri IV, puis par Louis XIII, en 1634, au denier 18, et enfin par Louis XIV, en 1665, au denier 20 : il est constamment resté à ce taux, Louis XV ayant vainement tenté de le baisser, en le portant au denier 25.

31. Je n'entreprends pas certainement de réfuter Montesquieu et tous les plus savants

économistes, qui ont attribué cet abaissement
de l'intérêt à l'abondance de l'argent, qui est
venue par l'établissement des Européens dans
les Indes ; mais je trouve d'autant plus juste
d'y faire quelque part aux lumières jetées par
les écrits de Dumoulin, qu'il serait peut-être
permis d'observer que cette influence nous
arriva tard, que les Espagnols se maintin-
rent pauvres avec tout l'argent qu'ils tirèrent
de l'Amérique, que nous n'eûmes des posses-
sions dans le nouveau monde que du temps
du ministère de Richelieu, et que la France
ne commença à devenir riche et commer-
çante, et à avoir des manufactures que sous
le ministre Colbert. Or le mouvement des
intérêts est entre les écrits de Dumoulin et
ces différentes époques ; mais, sans vouloir
faire de ceci une matière de dispute, où je
suis forcé d'avouer ma faiblesse, j'ai pensé seulement pouvoir, avec quelque utilité et quelque justice, faire entrer dans cette matière
de méditations intéressantes ces faits du rapport des rentes et revenus des fonds, et au

temps de Paul, sous Septime Sévère et Ca-
racalla, sur la fin du quatrième siècle de l'ère
présente, et à celui de Dumoulin, sur la fin
du seizième siècle, et au temps présent ; car,
je ne pense pas qu'on se refuse à reconnaître
qu'encore aujourd'hui les revenus des fonds
de terre ne peuvent pas s'évaluer au-delà du
fur de quatre pour cent net de leur valeur
vénale.

32. Je crois que cet accord des temps si
éloignés peut faire penser que les circonstances qui font hausser ou baisser le prix des
denrées et des marchandises, peuvent influer pareillement sur le prix des fonds de
terre, sans changer essentiellement le rapport du revenu avec le fonds.

33. Au reste, je ne prétends pas que
cette seule base doive servir à fixer irrévoca-
blement l'intérêt civil à ce même taux, et
j'avoue que dans la diversité infinie des choses
qui se louent ou qui donnent des produits,

il n'est peut-être pas assez sûr que le produit des fonds de terre, dont il est principalement question dans ces faits et ces observatious, donne le taux moyen de toutes les valeurs que l'on doit rechercher; cependant, il est assez reconnu que c'est des produits de la terre que tout vient dans le principe, et que c'est à ces produits que tout retourne en dernier résultat, parce que, quoi qu'on en dise, ce sont ces produits qui supportent réellement toutes les charges, n'y ayant que cela au monde qui soit constant et qui ne soit pas fugitif (1).

---

(1) J'attaque ici, comme un vrai préjugé, l'idée trop absolue de quelques hommes de finance, qui veulent que la contribution indirete établie sur les produits territoriaux, tels que les boissons, les huiles, n'attaque que le consommateur et non le propriétare et cultivateur : un fait notoire démontre la fausseté de ce préjugé ; c'est qu'en comparant les temps de l'abolition de ces droits, avec ceux de leur rétablissement, on ne trouvera pas que le prix de ces objets de consommation ait varié dans la proportion du montant des droits; le vin, dans les vignobles communs, comme celui d'Orléans

34. Ici venait sans doute l'occasion de montrer de plus en plus la nécessité que le taux de l'intérêt soit et demeure toujours fixé par la loi , et il reste à expliquer le point où réside la distinction vraie des intérêts, qui peuvent, sans le moindre inconvénient, être affranchis du taux légal ; c'est lorsqu'ils sont le prix des risques que court le prêteur ou qu'il partage avec l'emprunteur. Alors le contrat , qui est

---

n'a toujours flotté qu'entre 40 fr. dans les années abondantes , et 120 à 130 , dans les grandes disettes , la pièce de 236 litres.

Mais avant le rétablissement des droits , on s'enrichissoit par la culture de la vigne , et depuis, elle est devenue véritablement ruineuse.

Il y a de cela une raison facile à sentir : le marchand de vin sait bien qu'il est une certaine mesure que le consommateur ne passe pas, il calcule donc, pour faire le prix du vin, les frais qu'il aura à y ajouter. C'est donc un prélèvement à la charge du propriétaire, une diminution du prix. C'est ce que l'on a éprouvé dans les années 1816 et 1817 : le vin n'a pas été plus cher dans ces années, qu'en 1812 et 1813, quoique la disette fût bien plus grande , parce que dans ces années, on s'est jeté sur d'autres boissons, dont l'habitude se perpétue, aussi les brasseries se sont multipliées.

aléatoire de sa nature, n'a plus de base certaine de son évaluation.

Ceci tombe particulièrement sur les prêts maritimes que la loi du 5 septembre 1807 n'a pas embrassés, mais cette distinction regarde aussi les transactions commerciales dans le commerce de terre. La loi qui les a soumis à un taux légal, devait peut-être plutôt les en affranchir, comme l'avait fait l'Assemblée nationale de 1789 ; mais cela ne devrait être qu'en prenant de justes mesures pour qu'on ne put pas confondre avec ces sortes d'intérêts les intérêts civils ordinaires, et de telles mesures auraient pour résultat d'assurer leur vraie nature, qui est d'être plutôt le partage des gains éventuels du commerçant, que le prix d'un produit certain. Cet objet ne saurait être bien rempli par la seule élévation du taux au-dessus de celui des intérêts ordinaires. Cette élévation a plutôt pour issue de servir à déguiser les intérêts usuraires en les couvrant du voile de ceux du commerce. Elle ne peut donc que favoriser et multiplier les fraudes.

J'ai dit que les intérêts des négociations commerciales pouvaient sans inconvénient être affranchis du taux légal, parce qu'ils ont une mesure assurée et indépendante de la volonté : cette mesure est le cours des places. Il ne peut pas être injuste et arbitraire, puisqu'il est le résultat des affaires de chaque jour ou de chaque semaine : il est tout simple que le prix des usances des crédits qui sont sur la place, hausse ou baisse dans la proportion du besoin qui s'y fait plus ressentir, ou de placer ou de recouvrer des capitaux.

C'est sans doute dans cette vue que l'Assemblée nationale de 1789 réserva les usages du commerce pour cette espèce d'intérêts, au lieu de les régler. Cet abandon aux usages du commerce ne pouvait point avoir de danger. Cela fait uniquement dépendre l'intérêt de cette nature, des affaires qui se font, du bénéfice qu'elles offrent ou de la perte qu'elles apportent, ce qui n'est jamais au pouvoir de personne, surtout si vous savez combiner ensemble les différentes places de proche en proche.

35. L'assujettissement des intérêts du commerce à un taux déterminé, a même des inconvénients plus marqués, et que tout le monde a pu éprouver ; c'est, outre la facilité d'en abuser pour élever des intérêts non commerciaux, de gêner le cours de ceux-ci en forçant à rendre uniforme ce que la nature doit rendre nécessairement variable.

36. Ce n'est pas une critique que je veuille faire ici de la loi, pour donner à entendre qu'elle n'ait pas pu être déterminée par des considérations puissantes, mais il me semble que celles-ci peuvent leur être opposées.

37. Peut-être la sollicitude du législateur trouverait-elle plus d'assurance dans une mesure propre à asseoir une véritable séparation des intérêts civils ordinaires d'avec ceux du commerce, en laissant ceux-ci à leur liberté naturelle. Il n'est peut-être pas hors

de propos d'observer ce qui cause le plus cette funeste facilité de confondre les intérêts civils ordinaires avec ceux du commerce, c'est de pouvoir soumettre les uns et les autres aux mêmes moyens de sûreté.

Deux choses sont essentielles au commerce et en caractérisent les négociations propres, c'est la confiance qui en rend les mouvemens libres ; la simplicité des formes qui assurent la célérité du mouvement et de l'exécution, si les choses en étaient venues au point qu'il ne se fît plus d'affaires de commerce que par le ministère des notaires et en emportant tous les actes à la conservation des hyothèques, on peut dire d'un côté qu'il n'y aurait plus réellement de commerce ; d'un autre côté, que ce qui en résulterait ne serait plus que des formes pour couvrir l'avidité des prêteurs et des usuriers, en portant tous les intérêts à la hauteur de ceux du commerce.

38. Il faut donc qu'il existe quelque moyen

de remédier à ce double inconvénient : quel peut-il être ? C'est un grand point de difficulté. Il est évident qu'on ne peut le placer dans la distinction des personnes reconnues ou non reconnues commerçantes par leur habitude, plutôt que dans la nature des actes. Certainement l'on n'imaginera pas de décider qu'une obligation est ou n'est pas une obligation commerciale, selon qu'elle est consentie par un commerçant ou une personne étrangère à cette profession.

Le résultat immédiat d'un semblable moyen serait de réduire le commerce à ses propres ressources, tandis qu'il est de sa nature de devoir aspirer à s'appliquer tous les capitaux non nécessaires à la culture et l'amélioration des biens-fonds. Sa prospérité tient beaucoup à ce qu'il attire les capitaux de toute personne, sans distinction d'état, qui veut, par les moyens établis pour cela, profiter de ses gains ; il est seulement juste et nécessaire que cela ne puisse se faire qu'en entrant dans ses risques. Il me semble que

c'est dans ce seul point qu'est le terme de
la distinction qui rend légitime l'évaluation
de l'intérêt des négociations du commerce
au-dessus du taux de l'intérêt civil ordi_
naire.

39. Sans prétendre trouver l'espèce de
mot de l'énigme que la ruse des usuriers a
toujours su rendre inextricable, je crois
cependant que cette distinction peut être
assurée par une mesure législative, aussi
simple que l'utilité en serait grande et incontestable ; car il ne faut pas renoncer à
faire des lois qui mettent un frein à toute
espèce d'iniquité, par cela seul qu'il peut
y avoir une facilité plus ou moins grande de
les éluder par des fraudes ; les lois, en marquant la limite qui sépare le bien du mal,
retiennent une multitude de personnes qui
se trouveroient facilement entraînées sans
cela dans la pente du mal : ensuite elles op-
posent la difficulté de l'infraction à ceux
qui, quoiqu'enclins au mal, n'ont pas en-

core cette détermination funeste que rien n'arrête : enfin, elles font entrevoir à tous la sévérité des peines, toujours prête à s'armer contre les prévaricateurs déterminés.

40. Cette mesure simple, c'est de limiter aux intérêts civils la sûreté de l'hypothèque, et de la refuser à ceux des prêts commerciaux, si ce n'est en cas de poursuites et de condamnations ; ce n'est pas de refuser l'inscription, ce qui ne peut être à aucun acte, mais de déclarer que toute dette comprise dans une inscription hypothécaire, sur le simple titre de l'obligation, seroit, quoique qualifiée commerciale, quant aux intérêts présumée causée pour simple prêt ordinaire et soumise au taux légal des intérêts ordinaires ; j'ai dit, si ce n'est au cas de poursuites et de condamnations, parce qu'il est de la nature des condamnations de porter l'intérêt du retard au taux de ceux qui conraient déjà en vertu du titre ; c'est en ce cas une continuation des intérêts que le

titre sur lequel elle intervient engendre.

J'avoue que cette réserve, toute nécessaire qu'elle est, atténue l'effet de la mesure, puisqu'il suffirait alors de faire donner des billets sur lesquels on conviendroit de prendre jugement ; mais plus la fraude redouble en s'embarrassant dans les formes, plus sa difficulté croît, et c'est toujours un bien que d'en accroître les difficultés.

Que si, avec les formes hypothéquaires que nous avons admises, l'on préfère une liberté dans les stipulations, qui concilie la sûreté de leur affectation sur les biens, avec l'élévation des intérêts au-dessus de ceux ordinaires : il arrivera qu'à la longue tous prêts deviendront commerciaux, ce qui produira pour résultat que tous les prêts empruntant la couleur des négociations commerciales, les fraudes seront multipliées à l'infini. On verra encore que, pouvant placer dans le commerce avec autant de sûreté que dans les simples négoces civils, et sans courir aucun de ses risques, il n'y aura plus de capitaux pour la culture et l'amélioration des fonds ; la culture sera abandonnée, ou elle languira entre les mains de ceux qui y étant adonnés par la seule nécessité de leur état, manqueront de ressources nécessaires pour les avances qu'elle exige.

Il faut passer à la deuxième partie.

§ 2.

41. J'ai montré que l'intérêt ne peut être juste qu'autant qu'il trouve sa mesure dans le gain que la somme prêtée peut procurer à l'emprunteur, ou dans la perte que le prêteur souffre de la privation de son capital ; que cette mesure ne peut être une estimation purement arbitraire, mais qu'elle doit être assise sur l'évaluation commune des produits des biens dont se forment les revenus, tels que les perceptions de fruits et les jouissances ; que c'est donc l'estimation du louage des biens-fonds qui, en dernière analyse, est la plus propre à fixer cette mesure géné-

rale : on a vu aussi que notre taux légal de l'intérêt à cinq pour cent est bien dans ce rapport approximatif ; cela résulte du rapprochement fait de l'évaluation des revenus de ces mêmes biens et au 4ᵉ siècle et au 16ᵉ, et au temps présent.

42. La loi qui fixe le taux des intérêts ne doit être en effet que la déclaration publique de ce que l'argent peut produire justement dans le rapport général de son emploi présomptif. Tant que ce taux a été fixé par les lois, sans base assurée, et d'après une détermination purement arbitraire, l'odieux de l'usure a pu s'établir même sur les intérêts permis, fixés alors à une très grande élévation. Mais du moment que l'on a trouvé le moyen de fixer les intérêts dans un juste rapport avec les produits des choses qui sont dans le commerce, il n'y a pas plus d'arbitraire dans ce qui est défendu, que dans ce qui est permis ; alors l'usure n'est plus un simple délit de convention : il ne consiste

plus dans une simple infraction de la loi. Sans doute que cette infraction y entre, en marquant où le délit commence; mais il consiste essentiellement dans l'exaction d'un prix qui, une fois qu'il sort d'une juste mesure, participe au tort qui est commun à toute espèce de pratique pour spolier, piller, dérober, voler ce qui appartient à autrui. Chacun de ces torts est caractérisé, et a plus de gravité selon le degré de dol, de ruse ou de violence qui s'emploie à le pratiquer.

43. Ceci montre la fausseté évidente du système dans lequel on a mis en principe que la fixation de l'intérêt peut dépendre de la liberté des conventions, et n'est qu'une conséquence de la liberté accordée par la loi de stipuler les intérêts sur des obligations à terme. C'est ce que proclame l'article 1907 du Code, qui porte :

« L'intérêt est légal ou conventionnel; » l'intérêt conventionnel peut excéder celui

» de la loi, toutes les fois que la loi ne le
» prohibe pas. »

Il est inconcevable que l'on ait eu l'idée
d'une semblable disposition, après que d'un
côté l'Assemblée constituante n'avoit pas hé-
sité à conserver l'obligation au taux de la
loi, dans les intérêts qu'elle permettoit de
stipuler : d'un autre côté, lorsqu'on étoit
frappé des désordres causés par cette liberté
véritablement usurpée de l'affranchissement
du taux légal dans les stipulations d'intérêt; désordres qui excitaient un cri universel, qui a enfin amené la loi du 5 septembre 1807.

44. Mais il reste à la disposition deux
vices contre lesquels elle ne peut tenir : l'inu-
tilité absolue dont elle est, et l'immoralité
qui blesse le caractère de la loi et qui la
rend nuisible.

S'il est démontré que jamais dans le fait
l'intérêt des prêts ne peut être de convention libre ; si cet état de choses n'a pas pu

subsister deux ans sans un soulèvement universel contre les graves inconvénients qui
s'en ressentaient dans le commerce, on ne
peut disconvenir que la disposition de l'article 1907, telle qu'elle est conçue, ne peut
avoir aucun objet ni aucun but d'utilité.

A-t-on eu en vue de mettre en principe,
que l'usure n'est point par elle-même un délit; qu'elle ne prend ce caractère que dans
l'insoumission à la loi, qui a fixé une mesure
de l'intérêt permis? C'est du moins ce qui
sort d'un réglement que l'on a fait pour les
individus de la religion hébraïque, que les
effets de la liberté des cultes proclamée ont
mis au rang des Français.

La loi n'auroit en cela qu'une vue men-
songère et tout à fait immorale, et l'on ne
peut attribuer ce réglement qu'à un ména-
gement qu'on a cru nécessaire pour des
hommes que leurs préjugés religieux sem-
bloient mettre à cet égard dans une classe
toute particulière. On leur a dit: Vous ne
disconviendrez pas, et vous professerez qu'il

y a au moins délit dans l'insubordination
aux prohibitions de la loi.

45. Mais on ne peut disconvenir que toute
exaction d'intérêts non permis ou excédant
les bornes de l'intérêt permis, et dont le
taux est réglé, est un vol. Les Romains
l'avoient jugé plus grave que le vol simple,
puisqu'ils y avoient attaché la peine de la
restitution du quadruple; tandis que celle
pour le vol n'étoit que du double.

46. Ce qui, en effet, rend l'usure un délit plus grave que le vol simple, c'est que
dans le vol la dépravation naît souvent du
besoin. En tout cas, il ne prend son principe que dans des vices qui ne peuvent guère
se rencontrer que dans une classe où le manque d'éducation et d'instruction y a plus de
part, au lieu que l'usure est un résultat de
la cupidité soutenue par l'avarice, que parta-
gent malheureusement beaucoup de personnes dont les habitudes supposent au con-

traire tout l'acquit que donnent l'éducation et l'instruction.

Le voleur, dans le vol simple, prend ce qu'il trouve sous sa main ; il profite de la simple négligence de celui qu'il dépouille : l'usurier enveloppe dans ses piéges celui que le besoin tourmente, et il en profite pour le dépouiller. Il ne lui prend pas ce qu'il néglige, mais il lui arrache ce que le malheureux état où il se trouve l'oblige de sacrifier.

Lequel des deux est le plus coupable ? Je ne sais ; mais je suis fort tenté de m'en tenir à la décision romaine.

47. Dans ce point de vue, le tort d'une loi qui atténue la culpabilité de l'usure, c'est d'accoutumer les esprits à ne voir qu'une nuance légère entre le juste et l'injuste, et de disposer par conséquent à y passer l'éponge, dès que l'intérêt porte à commettre l'injustice ; cela n'est que trop commun, et l'on est plus affligé que surpris de voir qu'on

n'a pas craint de fonder l'utilité de la proposition de l'établissement d'une banque ter-
ritoriale, sur l'assertion formelle et positive
qu'il ne se fait pas d'emprunts par les propriétaires nécessiteux, dont l'intérêt soit
moindre de 12 pour 100 par an ; on croit
qu'heureusement l'assertion n'est pas rigoureusement vraie (1).

Mais il n'est peut-être pas également
inexact d'affirmer qu'il y a peu de prêts à intérêts au-dessous de 6 pour 100, et beaucoup de prêts qui sont jusqu'à 8 ; au reste,
cette assertion même comme d'un fait tout
naturel, et l'assurance positive qu'on y ajoute
qu'il n'y a point de loi qui puisse l'empêcher, porte en soi la preuve du sentiment
d'une extrême démoralisation de cette partie
si importante de l'économie politique : or, si

____

(1) Cette préface a été écrite, il y a au moins six à sept
ans : les choses ont changé depuis ; Dieu veuille que ce changement soit sans retour.

le principe de cette si grande atteinte à l'esprit de justice et d'ordre nous vient de la loi même, on peut se plaindre justement d'une véritable opposition de sa disposition avec la morale publique.

En effet, cette disposition est un véritable renversement de toute idée de justice en cette partie, puisqu'en ne faisant dépendre le taux de l'intérêt que de la volonté des parties, on ne peut pas douter qu'elle n'autorise toute exaction que peut imaginer le prêteur de deniers. S'il étoit certain que tout fût parfaitement égal entre le prêteur et l'emprunteur, et qu'il pût ne résulter d'un prêt à un taux extrêmement élevé que l'idée d'un don que l'emprunteur auroit pu vouloir faire librement au prêteur, il n'y auroit pas un grand intérêt public à s'y opposer. On voit dans le droit civil des décisions qui établissent que lorsqu'un vendeur n'a pas mis un prix sérieux à sa vente, il n'a pas fait un contrat de vente, mais qu'il a fait une donation. Nous n'examinons pas ici jusqu'à quel point de telles décisions peuvent être reçues dans notre pratique; mais ce n'est pas ce dont il est question en matière de prêt.

48. On doit toujours se représenter ce qui est ordinaire dans ce négoce; c'est que le besoin amène l'emprunteur auprès du prêteur : or, le prêt au-dessus d'un taux qui réponde à un intérêt juste, n'étant qu'un abus du besoin, il ne peut avoir que le caractère d'une exaction injuste, et il est contre la nature d'un pareil acte d'être purement volontaire dans sa mesure; c'est-à-dire lorsqu'il élève les intérêts sans y reconnoître aucune borne. Vous assurez dans un écrit public que l'intérêt ordinaire est de 12 pour 100. Pourquoi ne seroit-il pas aussi bien de 24 et plus, s'il n'y a pas de mesure reconnue? Assurément, il faut qu'il y en ait une.

49. Mais est-ce une mesure naturelle et nécessaire, c'est-à-dire dont la base se prenne

dans une équité demontrée, ou bien, quoique faite par la loi, la doit-on ranger parmi les mesures arbitraires que la loi adopte pour un meilleur ordre et un plus grand bien ? Si cette dernière idée est celle que paroît offrir l'article 1907, c'est encore un point dans lequel cet article est extrêmement vicieux.

Si l'intérêt n'est juste que dans son rapport avec les produits généraux et connus des biens, dont le capital prêté n'est que la représentation et le signe, il n'est pas permis de le dire naturellement libre : car, dans l'ordre naturel, il doit rechercher cette mesure ; et comme il n'est pas possible qu'elle dépende de l'idée que chacun peut s'en faire, c'est à la loi à fixer cette recherche en établissant le taux de l'intérêt. La loi a seulement cela d'arbitraire, que comme les valeurs sont susceptibles de beaucoup de variations, sa fonction est de suivre ces variations et d'y soumettre la fixation du taux ; car, comme on l'a déjà dit, le taux de la loi n'est qu'une déclaration de ce rapport de l'intérêt avec le taux commun du produit qu'il doit imiter.

50. Ainsi, il est de toute évidence qu'en maintenant la liberté de stipuler des intérêts sur obligations à terme, on devait, comme l'avoit fait la première assemblée nationale, dire que l'intérêt seroit toujours légal ; il n'est conventionnel que dans la stipulation qui l'établit, mais elle ne peut l'établir au-dessus du taux fixé par la loi, par la raison qu'il ne peut y avoir d'intérêt juste et légitime, que celui qui est dans le rapport des produits communs, et que ce rapport ne peut-être constaté que par la loi.

51. Mais il ne suffira pas de réformer le seul article 1907, en corrigeant le principe subversif des règles de cette matière qui le dirige, il faut aussi en suivre les conséquences dans les articles qui en dérivent, ce sont les articles 1905, 1906 et 2089.

52. L'article 1905 admet à stipuler des intérêts pour des denrées, ou autres choses mobiliaires ; cet article peut être régulier pour les denrées qui sont dans les choses fongibles, parce qu'elles peuvent représenter un capital et donner un produit dans les mêmes choses, Il serait cependant plus conforme à la nécessité de reconnaître tous intérêts soumis à un taux légal, de déterminer la fixation d'une valeur en argent que l'intérêt ne pourrait point excéder. Cependant la restitution du capital et le paiemen des intérêts en nature des mêmes denrées, à raison d'un pour vingt, ou plus, ou moins, selon la fixation du taux légal, n'aurait que l'inconvénient de présenter une espèce de convention aléatoire pour les deux parties, par rapport à la variation de la valeur des denrées.

53. Mais le prêt à intérêt des autres choses mobiliaires se conçoit difficilement ; d'abord l'article 1894 explique que l'on ne

peut pas donner à titre de prêt de consommation des choses qui, quoique de même espèce, différent dans l'individu.

Toutes choses mobiliaires, autres que celles fongibles, qui se trouvent exprimées sous le terme de denrées, sont dans le cas de l'application de cet article. On ne conçoit pas que l'on puisse donner des lits, des tables ou autres meubles à intérêts, autrement que par une estimation, et alors c'est la somme que l'on donne à intérêts. Il est inutile d'exprimer les autres choses mobiliaires.

Si ce sont les choses qui se donnent à la charge d'être rendues en nature et moyennant une somme annuelle, c'est un louage qui est fort permis, et la disposition du prêt à intérêts est inutile.

A-t-on voulu exprimer quelque chose de semblable à ce qui se pratique pour le cheptel des bestiaux, appelé cheptel-de-fer, dont l'intérêt se fond ordinairement dans les prix des fermages, et le fonds se restitue en

6.

nature, mais suivant l'estimation, en suppléant ce qui manque ou retranchant ce qui excède ? ce serait un mode de louage qui a toujours été permis , car en prêtant ou louant des choses qui sont susceptibles de s'user ou se détériorer , rien n'empêche de stipuler que ces choses seront prises par estimation et rendues dans la même valeur ; c'est ce qui n'avait pas besoin d'un article à la matière du prêt à intérêts, et comme on ne peut qu'abuser de ces mots : *et autres choses mobiliaires*, il serait à propos de les retrancher.

Dans les lois romaines pour que des effets mobiliers pussent faire le fonds d'un prêt à intérêts, il fallait qu'ils eussent été abandonnés pour être vendus, ou que l'on en eût fait une espèce de vente à l'emprunteur, par une estimation qui le rendait débiteur du prix sur lequel se prenaient les intérêts stipulés.

54. L'article 1906 ne participe pas moins

du préjugé que nous combattons, qui tend à admettre la plus grande liberté dans la stipulation et perception d'intérêts, il porte que : « l'emprunteur qui a payé des intérêts » qui n'étaient pas stipulés , ne peut » ni les répéter, ni les imputer sur le » capital. »

Cet article s'appliquant à tous intérêts indistinctement, ôte tout moyen de rechercher s'ils ont été au-dessus du taux légal. Son premier vice est donc de donner un moyen assuré de couvrir l'usure, mais il est aussi en lui-même contraire à toutes les règles.

55. On a pu prendre dans la loi romaine, même où les intérêts ne pouvaient-être dûs sans stipulation, l'idée de cette dénégation de la répétition. On y voit en effet, au code de Justinien, une loi [1] qui, après avoir fixé la règle de la nécessité de la stipulation,

------

(1) L. 18, Cod. *De usuris.*

porte que ceux dûs en vertu du prêt simple, quoi qu'ils ne puissent pas être exigés, ne peuvent être répétés s'ils ont été payés. On sentira bien qu'il s'agit là de l'effet du pacte qui, s'il ne donnait pas l'action, donnait du moins l'exception; mais on doit remarquer que pour que les intérêts payés le fussent sans répétition, il fallait au moins qu'on pût exciper d'une convention; c'est le contraire dans cette disposition de notre Code, puisque chez nous il n'y a point de différence de la convention et du contrat; on suppose donc que le fait nu du paiement est la cause de l'exclusion de la répétition. A combien d'abus cela ne peut-il pas prêter journellement ?

56. Dumoulin a fort bien établi, d'après ce que les lois ont de plus précis, que, bien loin qu'un paiement de sommes à titre d'arrérages, ou d'intérêts, puisse établir l'obligation de les payer à l'avenir, il ne peu établir que le droit certain de la répétition. Il semble que ce n'est pas trop exiger de

celui des intérêts, que de prouver qu'ils étaient dus, et que s'il n'est pas prouvé qu'ils le fussent, l'imputation sur la dette principale ne saurait être refusée.

57. L'article du Code civil a encore le vice de n'être qu'embarrassant, en n'expliquant pas comment il sera constaté que des sommes que l'on prétend payées pour intérêts, l'auront été à ce titre : faudra-t-il une preuve écrite, ou se déterminera-t-on par des présomptions, telles que pourraient en fournir la conformité des sommes à un taux d'intérêt, et les paiements à des époques formant un retour périodique ?

D'un autre côté, en n'expliquant pas ce point discuté par Dumoulin, de savoir si de tels paiements obligent à continuer.

58. On voit que dans le droit, il fallait, pour que le paiement d'intérêts obligeât pour l'avenir, au moins la prescription du long-temps, c'est ce que porte la loi 16 du Code, *De usuris.*

Encore doit-on remarquer que cette décision ne porte que sur des intérêts prétendus non pour des sommes prêtées, mais pour des sommes reçues par un fils, dont le père avait profité, et que l'on répétait contre sa succession par l'effet du droit de *in rem verso*.

Dumoulin, au lieu ci-dessus cité, a décidé qu'on peut être tenu de payer une rente par l'effet des paiements continués pendant le temps de la prescription accomplie, non pas de dix ans, mais de trente ans ; et encore dans le cas où le paiement a été fait de science certaine, c'est-à-dire d'après le reféré détaillé du titre de l'obligation principale.

Cela exclue bien toute idée d'obligation pouvant naître du fait simple d'un paiement d'une ou de plusieurs sommes à titres d'intérêts annuels.

59. Il est évident que, par cet article, comme par ceux précédemment énoncés, on

a porté beaucoup trop loin la faveur avec laquelle on a maintenu le décret de la première assemblée nationale, du 2 octobre 1789.

60. Enfin, quelques réflexions se présentent encore sur l'art. 2089, qui porte que :
« Lorsque les parties ont stipulé que des
» fruits se compenseront avec les intérêts,
» ou totalement, ou jusqu'à une certaine
» concurrence, cette convention s'exécute
» comme toute autre qui n'est pas prohibée
» par les lois. »

On a rétabli, par cet article, l'antichrèse, sous le rapport sous lequel il était prohibé par nos anciennes lois; il n'était admis que de la manière que détermine l'article 2085, qui porte que : « Le créancier n'acquiert
» par ce contrat que la faculté de percevoir
» les fruits, à la charge de les imputer
» annuellement sur les intérêts, s'il lui en
» est dû, et ensuite sur le capital de la
» créance. »

7

Telle est la nature de ce contrat, qui est une espèce de nantissement ou de gage immobiliaire. La compensation des fruits avec les intérêts n'était point permise, même en vertu de convention expresse, par rapport à la nécessité de maintenir le taux légal dans cette espèce d'intérêts.

61. Mais cette convention était permise chez les Romains ; il faut observer la différence des deux états de la législation sur ce point. Chez les Romains, la centésime était un taux légal, qui, d'après ce que j'ai établi dans le § Ier, donnait trois fois la valeur des produits territoriaux, évalués à quatre pour cent ou à l'usure de quatre onces, tandis que l'intérêt de la centésime ou légitime, était de douze pour cent. Et encore remarque-t-on que si les fruits avaient une évaluation, et qu'elle dépassât la centésime, ils devaient y être réduits ; c'est la loi de Constantin, ci-dessus citée.

Ici il s'en faut bien qu'il y ait la même

latitude ; le taux légal est au contraire fort rapproché de cette valeur des produits territoriaux, en sorte que l'objet de la compensation ne peut être que de l'excéder, et la disposition est tellement dirigée, qu'elle s'accorde aussi bien avec la loi du 5 septembre 1807, qui rétablit le taux légal, qu'avec l'article 1907, qui le suppose libre.

62. On peut opposer que comme il n'y a point de lésion en chose mobiliaire, et qu'un bailleur ne peut revenir contre un bail dont le prix est évidemment trop modique, pas plus qu'un preneur contre un autre dont le prix est manifestement trop cher, il n'y a nul inconvénient à la disposition qui ne donne l'idée que d'une cession de fruits dont les intérêts font le prix.

Cette objection a quelque chose de spécieux, c'est-à-dire que si le débiteur avait fait un bail de jouissances à son créancier, dont il eût fixé le prix, qui ensuite viendrait en compensation, il n'y aurait pas grande difficulté à exécuter de telles conditions.

Cependant, comme je l'ai déjà observé, il ne faut pas confondre l'acte respectivement libre d'un locateur et d'un locataire, avec celui d'un débiteur avec son créancier. Dans le premier, tout est libre, et chacun débat son intérêt; dans le second, il n'y a point d'égalité, et le débiteur ne peut que céder à l'ascendant du créancier; il ne s'agit donc pas d'une lésion simple ordinaire, mais bien d'un mode d'extorsion. Voilà pourquoi nos lois l'avaient défendu très justement. Le retour à la loi romaine a été mal médité, et n'est qu'un égarement.

63. Il faut remarquer comme une chose singulière, mais comme l'effet de l'état violent que j'ai peint au commencement, que tout en revenant contre la prohibition du prêt à intérêt, comme contre une gêne que la situation présente commandait de faire cesser, on a aussitôt, et presque du même

saut, passé au parti de légitimer tout ce que l'usure pouvait avoir d'injuste ; et tout en disant qu'elle est permise quand la loi ne la défend pas, de donner très libéralement le moyen de la pratiquer, même lorque la loi le défend.

64. Il est temps d'arriver à la véritable fonction de la Préface, c'est d'indiquer la marche de l'écrit qu'elle annonce. Il a pour objet de montrer quelle peut et doit être la conduite de la jurisprudence sur une partie de notre police civile, que l'abolition de la prohibition du prêt à intérêts rend presque nulle.

Elle la rend nulle parce qu'elle rappelle des principes que l'abolition avait rendus inutiles pour nous. Ces principes doivent aujourd'hui servir à expliquer les dispositions du Code, c'est tout ce que l'on se propose dans les chapitres suivants.

COMMENTAIRE

Sur les articles 1905, 1906, fin de 1907; sur l'article 1904 et les articles 1154, 1155; enfin sur les articles 1153, 2089, et encore 1905

OU

Explication des diverses questions sur la matière des intérêts dans la pratique.

~~~~~~~~

SOMMAIRES

DU CHAPITRE PRÉLIMINAIRE.

65. DÉFINITION de l'intérêt, et comment sa dénomination latine, USURA, a été prise en mauvaise part, en représentant le vice ou le délit de l'usure.

66. Nécessité du rappel aux règles du droit.

67. Ce qu'est l'intérêt, et de ses différentes espèces.

68. Les deux premières de ces espèces ont été
~~~~~~~~

l'objet de la prohibition de nos lois ; comment la première fut conduite dans les lois romaines.

69. Comment l'usure fut réglée chez les Romains ; des divisions du taux qui lui étoit assigné ; à quoi ces divisions ont été appliquées.

70. De la différence de la marche de la jurisprudence romaine d'avec la nôtre sur l'intérêt compensatoire.

71. Distinction, dans ces lois, de l'intérêt lucratif d'avec celui pénal, ou compensatoire ; loi de Justinien *Eos*, sur ce point.

72. Résultats différents amenés parmi nous par la prohibition de l'intérêt conventionnel, autre que celui des prix de ventes de fonds, et de ceux semblables ; qu'il n'a en conséquence subsisté que les intérêts courants deplein droit, et les intérêts pour retard ou pour affaire de commerce.

73. Rétablissement du taux légal, même pour les intérêts dans les affaires de commerce ; comment, dans cet état, et d'après l'article 1907 du Code civil , qui n'est pas formellement abrogé, l'on doit traiter cette matière et sa division.

74. Que c'est un nouveau droit qui est rétabli ; conséquence de cette réflexion par rapport aux documents qu'il faut y rechercher.

CHAPITRE PRÉLIMINAIRE.

Des intérêts en général , de leurs diverses espèces et dessein de ce traité.

65. L'intérêt est le prix de l'usage que l'on a de l'argent d'autrui, ou de quelqu'autre chose susceptible d'en produire. Son invention paraît aussi ancienne que celle de la monnaie, sa dénomination latine, *usura*, ne signifie pas autre chose.

Ce furent d'abord ses excès, et depuis son interdiction et sa prohibition dans les simples prêts, ou autres obligations à termes, qui l'ayant rendu odieux, firent prendre en mauvaise part ce terme d'usure, qui ne s'applique qu'aux intérêts prohibés ou excessifs.

Aussi l'on ne trouve, dans nos livres de jurisprudence, des traités de l'intérêt, que sous le rapport de ce qui peut contraster avec les prohibitions, et être réprouvé sous le titre d'usure.

Le traité de Dumoulin, intitulé : *Tracta-tus contractuum usurarum*, n'a été, comme je l'ai dit, composé par ce grand jurisconsulte, la lumière de son siècle, que pour montrer les justes limites de cette prohibition, dont on portait les conséquences jusqu'à attaquer les actes de commerce les plus nécessaires.

66. Mais la prohibition principale concernant l'intérêt conventionnel, étant maintenant abrogée, il est nécessaire de rechercher et de rétablir les règles du droit qui ont régi cette matière dans les temps où la prohibition n'était pas même soupçonnée ; la stipulation des intérêts étant dans l'ordre des négoces et des conventions ordinaires, il faut les puiser à leur source, qui est dans les lois romaines, aux principes desquelles on reconnaîtra aisément que les rédacteurs de notre Code civil sont revenus, comme ils ont fait sur beaucoup d'autres parties de la jurisprudence civile.

67. L'intérêt est donc en général un accroissement dont on est convenu, ou que l'on juge dû, au-delà de la somme principale portée dans l'obligation, ou au-delà de la quantité de choses fongibles qui en fait l'objet.

Il faut se garder de confondre l'intérêt ainsi envisagé et défini, avec toute espèce d'exaction, en sus d'une chose due en vertu d'une obligation : par exemple, si dans une entreprise pour un ouvrage d'une journée, on exigeait le prix de deux journées ; mais, pour réduire la chose à ses vrais termes, on peut encore définir l'intérêt, l'accession qu'une somme, ou quantité, doit ou a dû produire par l'usage que l'on en a, ou que l'on en a eu dans un temps donné.

L'intérêt, distingué suivant les causes qui peuvent le produire, est de quatre espèces : la première est l'intérêt conventionnel ; la seconde l'intérêt à cause du retard du paiement d'intérêts dûs ou de fermages, ou d'une restitution de fruits ; la troisième l'intérêt du retard du paiement de capitaux échus et demandés; la quatrième l'intérêt sans demande, et qui court de plein droit.

68. Ce sont les intérêts des deux premières espèces, qui ont été l'objet des prohibition dont notre législation s'est trouvée chargée jusqu'au décret de l'Assemblée constituante, mentionné dans notre préface; la première était seule limitée dans les lois romaines, mais sa limite était si étendue, qu'elle dépassait la plus grande hauteur de nos usures communes; c'était la centésime qui, comme on l'a dit, était l'intérêt d'un pour cent par chaque mois ou de douze pour cent par an.

Cette limite ne fut pas à la vérité toujours assez respectée, et il fut un temps, où, parmi les usures communes ou intérêts ordinaires, on connut la sesqui-centésime, ou l'intérêt de 18 pour 100 par an. Il y en eut encore de plus élevés; mais ces intérêts excessifs ne furent jamais avoués dans les conventions, et l'usure même centésime fut considérée comme excessive ; elle ne fut jamais approuvée des personnes honnêtes ; et particulièrement depuis le réglement de Constantin, en 378, dont on a parlé, qui a été donné pour défendre d'excéder ce taux de la centésime ; ils n'excédèrent pas le taux de 8 pour 100, et même l'intérêt s'était encore abaissé et était tombé à 6 pour cent avant le réglement définitif porté par cette loi de Justinien, dont on a parlé dans la préface.

69. L'usure centésime fut donc modérée et réglée de différentes manières, selon la différence de ses causes ; c'est pour cela qu'elle fut représentée comme un tout divisé en douze parties ; chacune de ces parties, ou chaque douzième du tout, formait le centième du capital, qui était donc égalé par les intérêts dans l'espace de cent mois ; c'est pourquoi on l'appelle centésime, et les douze parts réunies se sont appelées l'as ou *œs*,

apparemment d'une pièce d'airain qui avait formé le type primitif de la monnoie ; et chacune des douze parties formait l'once, ce qui donnait facilement la raison de tous les dividendes de l'as ou du tout. Ainsi le dividende de deux onces formait le sixième de l'as, que l'on appelait *sextans;* les trois onces ou le quart de l'once s'appelait *quadrans;* les quatre onces, ou le tiers, était appelé *triens ;* les six onces, ou la moitié, *semis;* les deux tiers, ou les huit onces, *bes;* les trois quarts, ou neuf onces, *dodrans ;* les dix onces, *dextans,* etc. C'est ce qui a donné la raison de la division du taux des intérêts en intérêts de 3, 4, 5, 6, 8, 9 et 10 pour 100 ; enfin l'as entier portait l'intérêt à 12 pour 100 par an.

Cette division d'un tout composé de douze parties en douze onces, n'a pas servi aux seuls intérêts des capitaux, elle a été aussi appliquée aux partages des successions, le corps de la succession ou de l'héridité représentant un tout ou un *as,* qui se divisait en douze parts ou onces, pour la commodité des partages,

Cette division de l'intérêt annuel en douze parties s'est encore mieux appliquée à l'intérêt pénal ou de la demeure, et à l'intérêt compensatoire.

70. Il faut remarquer, à cet égard, que la jurisprudence romaine a eu une marche tout opposée à ce que nous voyons établi dans la nôtre; la limite de la loi ne fut établie que pour l'intérêt conventionnel, pour le renfermer dans des bornes certaines : c'est ce qui fait que cette mesure du maximum de la loi dans l'intérêt conventionnel fut appelée l'usure la plus lourde, la plus élevée (1). Mais quand il s'agit de l'intérêt pénal ou compensatoire, l'usure n'a de mesure que dans l'intérêt de la loi ou dans la nature des choses : ainsi l'on condamne à titre de peine à la double centésime le débiteur, condamné pour un capital qui ne satisfait pas à la con-

______

(1) Ulpien, l. 7, § 8 , ff. *de administratione et peric. tutorum* l. 38, ff. *de neg. gestis.*

damnation dans les quatre mois du jugement:
ainsi l'intérêt compensatoire, ou celui à cause
du retard de remplir une obligation, s'étend
ou s'abaisse selon la cause de l'obligation. Si
cet intérêt représente des fruits ou revenus,
on l'estime sur le pied d'un pour 20 ou pour
25, ce qui donne l'intérêt *quincunx* ou
triens, c'est-à-dire de 5 ou 4 pour 100, qui
est l'évaluation commune des revenus des
biens, comme il a été justifié dans la préface.

71. C'est de là que l'on a fait dans cette
jurisprudence la distinction de cet intérêt
pénal et compensatoire d'avec l'intérêt lucratif : c'est à ce dernier seulement que Justinien,
par sa loi *Eos Cod. de usur*, a assigné une
mesure, qui varie selon la nature des conventions et la qualité des personnes , mais de
sorte que dans aucune, même dans celles
aléatoires, elle ne put jamais excéder la centésime. Cette mesure fut un mximum qui s'ap-
pliqua aussi à l'intérêt pénal ; il ne put pas
excéder la centésime, soit qu'il fût dû en vertu
d'une convention, soit en vertu d'un juge-

ment : à plus forte raison en fut-il de même de l'intérêt compensatoire, qui ne pouvait même atteindre ce maximum, n'y ayant point d'objets dans le commerce qui donnent des produits certains qui s'élèvent à sa hauteur.

72. La prohibition qui s'est établie dans nos lois de tout intérêt purement conventionnel, autre que celui du prix d'une vente d'un fonds ou d'un capital aliéné, a amené d'autres résultats : d'abord le taux réglé par la loi a été la mesure uniforme des rentes constituées à prix d'argent et des intérêts en forme de peine et compensatoires. On n'a jamais pu l'excéder que dans les choses qui, ayant un prix variable, peuvent faire supposer que l'excès de l'intérêt légal a fait partie du prix selon la nature des conventions.

Hors ce cas, on n'a connu que l'intérêt courant de plein droit et celui à titre de dédommagement du retard du paiement d'une somme exigible, lorsqu'il y a eu demande. Dans tous ces cas, l'intérêt a été soumis

au taux légal, sans que l'on puisse examiner
si le créancier éprouve plus ou moins de
perte, ou si le débiteur fait plus ou moins
de gain.

73. L'Assemblée nationale, dite constituante, par son décret du 2 octobre 1789,
qui a rétabli la liberté de la stipulation des
intérêts et des obligations à termes, mais en
se conformant au taux de la loi, a excepté de
cette dernière restriction les usages du commerce : cela a formé un nouveau cas d'affranchissement du taux de la loi ; mais la loi
du 3 septembre 1807, en rétablissant le
taux légal dont on s'était universellement affranchi, ayant rétabli ce taux légal même
pour les intérêts dus dans les négociations et
affaires de commerce, elle doit servir de
guide et de régulateur dans l'explication que
je me propose de faire ici de tous les articles
du Code qui embrassent les diverses espèces
d'intérêts.

Cependant, comme la première partie de

l'art. 1907 porte expressément que le taux de l'intérêt conventionnel peut excéder le taux légal toutes les fois que la loi ne le prohibe pas, il faut envisager la prohibition actuelle comme pouvant être levée, et raisonner aussi pour le cas où l'intérêt conventionnel deviendrait libre, comme on a tant voulu qu'il le fût.

C'est sous ce double rapport que l'on examinera, dans ce Commentaire, 1° comment le prêt à intérêt se forme ; 2° de quelle manière les intérêts peuvent être produits autrement que par le prêt ; 3° comment les intérêts peuvent être produits par des intérêts ; 4° comment ils sont produits par les fruits et jouissances, ou par les fermages ; 5° comment l'antichrèse peut avoir lieu à titre d'intérêt de sommes dues ; 6° enfin comment les intérêts cessent d'avoir cours.

74. Cette matière en fait une en quelque sorte nouvelle dans notre droit ; elle se forme de nouvelles dispositions qui sont autant de

dérogations à nos anciennes lois. On avoue qu'il n'en sort pas des questions ni bien nombreuses, ni bien compliquées : mais il y a lieu de rétablir des règles que l'ancienne prohibition avait écartées, et elles se tirent des lois romaines, dont ces nouvelles dispositions font revivre l'autorité. C'est le point de vue sous lequel je me propose de donner l'explication des articles du Code que j'ai indiqués.

CHAPITRE PREMIER.

Comment le prêt à intérêt se forme, et explication des articles 1905, 1906, et fin de 1907.

SOMMAIRES.

75. De la nature du prêt à intérêt; diverses considérations et définitions du Code civil.

76. Que la condition essentielle du prêt est, lorsqu'il est d'une somme de deniers, qu'elle soit rendue dans la même valeur nominale et numérique qu'au temps du prêt; conséquences de cette règle.

77. Du prêt à intérêts en denrées ou autres choses mobiliaires; de ce qui en forme le capital; importance de ce point.

78. Comment l'intérêt des prêts en denrées ou en fruits secs ou liquides fut réglé par la loi de Constantin et par celle de Justinien.

79. Que l'intérêt des prêts de denrées doit être servi en argent et par appréciation.

80. Que l'intérêt des prêts de sommes d'argent ne peut être stipulé en denrées dans le cas où il est sujet a être limité.

81. Comment l'intérêt peut s'établir sur les autres choses mobilières.

82. Dans quelle forme la convention du prêt à intérêt peut être faite.

83. De l'exclusion de la répétition des intérêts payés sans convention, et comment on peut juger que le paiement a été fait à titre d'intérêts.

84. Si l'exclusion de la répétition des intérêts payés sans convention emporte l'obligation d'en continuer le paiement jusqu'au terme de la restitution du prêt.

85. Quelle doit être la suite du refus de continuer les intérêts payés sans convention.

86. De l'effet de la disposition qui veut que le taux de l'intérêt conventionnel soit fixé par écrit.

75. On appelle improprement prêt la remise que l'on fait également d'une somme
pour en jouir pendant un temps déterminé,
moyennant un intérêt convenu : c'est un
prêt sous le rapport de l'obligation de rendre
la même somme comme dans le *mutuum ;*
mais dans la vérité, c'est un contrat intéressé par l'effet duquel une personne qui
reçoit l'argent d'une autre, paie, dans l'intérêt convenu, une espèce de loyer de cette
somme. Le contrat a donc plus d'affinité sous
ce point de vue avec le louage des choses
qu'avec le prêt, qui est essentiellement
gratuit.

Cependant le louage suppose un bien cor-
porel ou un corps certain, dont celui qui le
prend à ce titre n'a que le simple usage
pendant le temps convenu : au lieu que le
placement à intérêts a cela de commun avec
le prêt *mutuum,* que le premier est maître
de la somme; elle se confond dans ses biens
dès qu'il l'a reçue, et il ne demeure obligé
qu'à rendre pareille somme. Il n'y a donc au-

cune occasion d'y appliquer les règles du louage : on lui applique au contraire très utilement celle du prêt *mutuum*, dont on ne retranche que ce qui se rapporte à la gratuité, qui cependant est au moins de la nature du contrat de prêt.

C'est pourquoi l'on peut dire que le négoce du prêt à intérêts forme un contrat d'une espèce particulière que nos lois nouvelles ont replacé parmi les obligations civiles, et qui a des règles qui lui sont propres : il est en même temps consensuel et réel, à la différence du prêt simple, qui est un contrat réel. Le prêt à intérêts est consensuel, parce que la stipulation expresse des intérêts y est nécessaire : la simple remise de la somme ne serait qu'un prêt pur, parce que les intérêts ne peuvent s'y ajouter par simple présomption ou induction ; il faut que les intérêts soient convenus, et à un taux déterminé par la volonté des contractants ou par la loi.

Dumoulin, voulant donner la définition de cette espèce de négoce, lui refuse le carac-

9

tère du contrat commutatif ; il en a composé un nouveau genre qu'il a appelé négociation questuaire , parce qu'il ne l'a envisagé que du côté du prêteur , qu'il représente comme y faisant seul un gain, et par conséquent comme ayant seul l'intérêt du contrat ; mais cela manque d'exactitude, puisque, dans les principes mêmes de ce savant jurisconsulte , les intérêts ne peuvent se légitimer que sur l'utilité que le preneur des deniers peut rencontrer dans la jouissance de la somme donnée à ce titre , à laquelle les intérêts doivent se proportionner. Il est évident qu'il y a dans ce négoce une utilité réciproque qui se balance entre les parties, et qui forme par conséquent un vrai contrat intéressé de part et d'autre.

On peut donc dire, au contraire, que le prêt à intérêt ne prend la consistance d'un vrai contrat qu'en ayant le caractère du contrat commutatif : mais la loi, sans entrer dans ces considérations inutiles pour son objet, a borné sa disposition aux termes de l'art. 1905, ainsi énoncé : « Il est permis de stipuler des intérêts pour simple prêt, soit d'argent, soit de denrées ou d'autres choses mobilières ».

76. L'argent est, comme l'on voit, la première matière de ce négoce ; il se représente toujours par la même somme numérique et nominale qui fait le capital du prêt. Ainsi, quelque changement qui puisse survenir dans les espèces monnayées, soit au titre ou au poids, ou à la matière même, le prêt est toujours, comme s'exprime l'article 1895, *du montant de la somme fixée à la valeur numérique et nominale, du temps où le prêt a été stipulé*, et cette valeur se paie en espèces ayant cours au moment du paiement.

Il y a donc, sous ce premier point de vue, dans le prêt à intérêt comme dans celui de consommation, une espèce de convention aléatoire par laquelle, quelque variation qu'il y ait eu, soit dans le titre de la monnaie, soit dans son rapport avec les choses du commerce dont elle donne la valeur, l'obligation demeure toujours de la somme déterminée par la valeur numérique du temps du contrat ; c'est l'effet propre de la fonction de la monnaie, qui est de représenter les valeurs qu'elle dénomme.

77. Le prêt à intérêts peut aussi être, comme le porte l'art. 1895, que l'on vient de voir, *en denrées* ou *autres objets mobiliers*. Lorsque le prêt est en denrées, les denrées formeront-elles le capital, ou se formera-t-il de leur appréciation ? L'intérêt est-il dû en essence, ou sera-t-il payable en une somme d'argent, fixée sur l'appréciation ? Le Code n'a point de disposition sur ces questions, qu'il ne fait pas même entrevoir. Elles peuvent être importantes dans deux cas : le premier est lorsque dans l'état où le taux des intérêts peut être stipulé librement, les parties ne s'en sont point expliquées ; le

deuxième, lorsque le taux est nécessairement celui légal.

78. Dans les lois romaines, quoique l'intérêt de l'argent stipulé dans les prêts dût être borné au taux de la centésime, celui stipulé pour des fruits secs et liquides était un accroissement de la denrée en essence : on le voit dans la constitution de Constantin, rapportée dans la préface, et dans le réglement de Justinien, que portent les novelles de ce prince législateur, 32 , 33 et 34 , où il est statué que l'emprunteur, dans le prêt des denrées, ne pourra pas être obligé à payer, à titre d'intérêts, plus du huitième des choses prêtées de la même nature; il avait ainsi ramené le taux des intérêts du prêt en denrées, à une imitation presque parfaite de l'usure centésime.

Le résultat de ce réglement fournit une bien forte objection contre l'interprétation donnée par Dumoulin au réglement de Constantin, rapporté en la note 5 de la préface ; car il s'ensuit que la réduction faite par cet empereur, de l'intérêt des fruits au tiercement du capital prêté, ne pouvait pas être, pour l'espace de huit ans et quatre mois, répondant à tout le cours de l'usure centésime, parce qu'alors il n'y aurait point eu pour Justinien d'occasion pour faire son réglement.

79. Quoi qu'il en soit, et pour se former une juste idée sur ce point, il faut reconnaître, que même dans le cas de la soumission de l'intérêt conventionnel au taux légal, les denrées qui, se prenant par poids, mesure ou quantité, paraissent susceptibles de l'application du taux de 4 ou 5 pour 100, dans leur propre nature, ne peuvent néanmoins pas fixer ainsi l'intérêt pour l'avenir, à cause de la variation continuelle de la valeur de ces denrées ; il n'y a que la monnaie seule qui puisse, par son signe et sa dénomina-tion, servir à faire une représentation con-

stante de la valeur des choses comprises dans une obligation.

C'est pour cela que, dans le paiement des rentes dues en grains et autres denrées liquides, et des fermages dus en nature, on ne peut obliger le débiteur à payer ou l'admettre à offrir en nature que le dernier terme échu ; et quant aux échéances des années arriérées, le paiement doit se faire suivant l'évaluation des denrées qui est faite par les mercuriales. Il paraît donc qu'il doit en être de même des intérêts d'une quantité de fruits prêtée, et formant un capital, lorsque ces intérêts sont soumis à un taux réglé par la loi.

80. Il faut dire, à plus forte raison, que dans le même cas on ne peut payer avec des denrées des intérêts stipulés et dus en argent, et que l'on ne peut stipuler sur un prêt de deniers des intérêts en denrées, à moins que les denrées ne soient soumises à une appréciation en deniers, suivant les

mercuriales ou le cours des marchés, constaté pour celles dont on ne tient pas de mercuriales. C'était la jurisprudence des rentes
constituées ou des intérêts qui étaient auto-
risés pour certaines obligations, sur quoi l'on
peut consulter Dumoulin dans son Traité *Contractuum usurarum*, et Pothier, dans son
Traité *de la Constitution de rentes*.

Mais si la stipulation des intérêts était libre, soit parce que l'intérêt conventionnel
serait affranchi du taux légal, soit parce que
l'intérêt serait de nature à ne pouvoir être limité, par rapport à l'objet de l'obligation,
comme dans des ventes d'immeubles où l'intérêt stipulé au-dessus du taux légal peut
paraître entrer dans le prix de la vente, dans
un cas semblable, la stipulation s'exécute
telle qu'elle est, si elle est claire, et ne donne
lieu à aucune question.

81. Lorsqu'il n'y a point de stipulation
sur les intérêts, comme ils ne sont dus que
par interprétation, alors, en suivant la règle

retracée par l'art. 1162 du Code civil , qui veut que, dans le doute, l'obligation s'interprète en faveur de l'obligé, il faut dire que si le débiteur a intérêt (comme il l'aura presque toujours) à ce que le capital du prêt soit déterminé par l'évaluation faite des denrées au temps de leur délivrance , et à ce que l'intérêt soit fixé sur cette évaluation , cela ne pourra souffrir de difficulté ; cependant nous reviendrons sur ce point, en expliquant la dernière partie de l'art. 1907.

Mais tout ce qui a été dit jusqu'ici ne peut s'appliquer qu'aux fruits secs ou liquides , et autres objets qui se prennent par poids, mesure et quantité , et se représentent par un même poids , une même mesure ou une même quantité de choses de la même espèce et d'une semblable qualité , soit qu'elles soient évaluées par les mercuriales des marchés, si elles en sont susceptibles, ou par les arrêtés des cours dans les bourses , si ce sont des marchandises différentes.

Quant aux autres choses mobilières qui

peuvent être prêtées à intérêts, il faut que le capital soit fixé à une somme par une évaluation de ces choses, sans quoi elles ne pourraient produire des intérêts : c'est d'abord ce qui doit s'induire de la conduite du droit romain sur ce point. Les effets mobiliers ne pouvaient produire intérêts que dans deux cas : le premier, lorsqu'ils avaient été remis pour être vendus, et le prix en être rapporté ; le second, lorsqu'ils avaient été estimés et réduits à une valeur numérique : ensuite cela peut être fondé sur l'article 1894 du Code civil, qui porte, « qu'on ne peut » donner à titre de prêt, de consommation, » des choses qui, quoique de même espèce, » diffèrent dans l'individu, comme les ani- » maux ; alors c'est un prêt à usage. »

On a vu que le prêt à intérêts ne peut avoir pour fondement que le prêt *mutuum* ou de consommation, et qu'il est de son essence que les choses prêtées soient acquises par la seule remise à celui qui les reçoit à ce titre, et qu'ils se confondent dans ses biens ;

de sorte que l'intérêt soit le prix de l'usance du capital, qui ne se rend que dans les mêmes quantités ou sommes, plutôt que dans les espèces remises. S'il en était autrement, ce qui serait payé à titre d'intérêts pour des choses susceptibles d'être rendues en espèces, ne serait qu'un prix de louage de ces choses.

Il faut donc, pour la consistance du prêt à intérêt dans cette forme, que les effets mobiliers soient mis à prix pour être rendus, quoi qu'en espèces, s'il est ainsi convenu, sur le pied de cette évaluation, et l'intérêt annuel en être payé sur le pied de cette même évaluation.

82. Le prêt à intérêts peut, comme toute autre convention, se faire verbalement ou par écrit ; il peut même être tacite.

Le prêt à intérêts fait verbalement, n'a, comme tous les contrats, d'autre inconvénient que la difficulté d'en faire la preuve, qui ne peut pas être par témoins, si la somme ou valeur des choses prêtées excède 150 fr. ;

mais hors le cas de cette difficulté, le contrat, lorsqu'il est avoué et constant entre les parties, s'exécute, et même, lorsqu'il y a contestation, le demandeur qui l'articule peut déférer le serment au défendeur qui le nie.

Le prêt à intérêts, qui se contracte par écrit, n'est assujetti à aucune forme particulière ; il peut se constater par le simple billet de l'emprunteur, et ce contrat, où celui-ci est seul engagé, soit pour le paiement des intérêts, soit pour la restitution du capital, est un contrat unilatéral ; il n'est donc pas nécessaire qu'il y en ait ni minute, ni double.

83. Quant au prêt à intérêt tacite, il paraît présupposé par l'art. 1906 du Code, qui porte : « L'emprunteur qui a payé des inté-» rêts qui n'étaient pas stipulés, ne peut » les répéter ni les imputer sur le capital. » Il faut donc, pour exclure la répétition, que ce qui a été payé l'ait été à titre d'intérêts. Cette exclusion n'est statuée que sur le cas

d'intérêts qui ont été payés, quoique non stipulés.

Mais la difficulté sera souvent de savoir si une somme payée l'a été pour intérêts ou autrement, dans le cas où le paiement ne sera pas causé dans une quittance clairement expliquée : il faudra alors se fixer sur les circonstances de fait, telles que le rapport de la somme payée avec ce que devait être le montant des intérêts et la répétition d'un pareil paiement à des époques marquant le retour des intérêts qui auraient pu être stipulés.

Mais dans le doute, on aura à considérer, d'un côté, que l'art. 1906 dispose, sur un paiement d'intérêts non stipulés, ce qui doit être constant par la forme du paiement; d'un autre côté, il faut se servir du principe de l'art. 1162, qui veut qu'on interprète toujours en faveur de celui qui s'est obligé, ce qui, par conséquent, ne permet pas d'interpréter contre le débiteur un paiement que le créancier devait expliquer, puisqu'en spécifiant le reçu à titre d'intérêts, il expri-

mait implicitement la réserve de son capital
entier.

84. L'article 1906 fait encore naître une
question fort importante et non moins diffi-
cile : c'est de savoir si au moyen de ce que ,
par la dénégation de la répétition , ce qui a
été payé à titre d'intérêt sans stipulation est
acquis à ce titre au prêteur qui l'a reçu , ce
dernier est en droit d'exiger la continuation
des mêmes intérêts jusqu'au remboursement
du capital. Ce paiement supplée-t-il à la stipulation ? la fait-il présumer ? Rien ne paraît autoriser à le décider ainsi. Cela ramène
une question traitée par le célèbre Dumoulin, qui étaitde savoir si le paiement d'une
rente non établie par titres pendant le temps
de la prescription, suffisait pour l'établir. Ce
jurisconsulte décide, par des raisons assez
péremptoires, que le paiement réitéré d'une
même somme pendant un nombre d'années ,
ne conclut point pour l'obligation de la payer
à l'avenir ; qu'il est plutôt propre à fonder

un retour sur le passé en ouvrant l'action en répétition *condictionem indebiti*, à moins qu'il ne soit prouvé que les paiements ont eu leur fondement dans une obligation préexistante. Cependant il excepte en même temps le cas où une rente dénommée et causée a été payée de temps immémorial, et qu'il porte à quarante ans, parce qu'il montre que cette prescription a force de titre : *habet vim tituli* ; il la met ainsi au-dessus de la prescription du plus long temps, qui est la prescription ordinaire fixée à trente ans.

Malgré cela, dans la réforme de la Coutume de Paris, qui eut lieu depuis cet écrit de Dumoulin, il paraît qu'on admettait l'établissement de la rente par prescription par la possession de dix ou vingt ans, avec titre, ou de trente ans sans titre. C'est ce qui résulte des art. 113, 118 de cette Coutume. Mais les commentateurs de cette Coutume, les plus accrédités, tels que Duplessis, Brodeau, Ferrières, n'ont fait nulle difficulté d'expliquer l'article 113 en ce sens, que la prescription n'est pas en faveur du créancier, pour l'autoriser à exiger du débiteur une rente sans titre ni constitutif, ni récognitif, mais qu'elle s'établit seulement en faveur du possesseur contre un tiers-réclamant, pour une rente légitimement due ou établie contre le débiteur.

Au reste, on a bien admis la prescription contre le débiteur même, dans le cas où elle servait à confirmer une reconnaissance même en forme commune, qui, sans le secours de la prescription, demeurait sans effet. C'est le sentiment de Dumoulin et de tous les auteurs après lui.

Le Code même a consacré ce point, mais en exigeant, par l'article 1337, que la reconnaissance en forme commune soit géminée.

Ici la loi qui exclue l'action en répétition des intérêts payés, quoique non stipulés, ne dit rien sur le droit d'exiger le même paiement à l'avenir : or, si le terme de la prescription ne suffit pas pour donner le droit d'exiger la continuation du paiement d'une rente qui a été ainsi servie sans titre , à plus forte raison, le simple paiement d'intérêts non stipulés., pendant une ou plusieurs années , doit-il être insuffisant pour en former une dette à l'avenir. La loi, en faisant du paiement de tels intérêts un titre ou une présomption, pour le cas de la répétition qu'elle exclut, ne peut pas de là former un droit pour l'exigibilité de ces intérêts à l'avenir.

85. Mais alors, que deviendra le sort de l'obligation ? peut-elle avoir pu être à intérêts, et cesser de les porter tout à coup ? il semble que l'on peut partir de ce que la loi explique, pour suppléer à ce qu'elle n'explique pas ; elle n'exclut la répétition ou l'imputation des intérêts payés sans stipulation , que par la présomption qu'ils sont entrés tacitement dans les conditions du prêt : dès lors l'emprunteur qui refuse de les continuer, rompt le contrat en manquant à une de ses conditions essentielles, ce qui autorise à en prononcer contre lui la résiliation, si elle

est requise : ainsi on déclarerait le capital du prêt exigible nonobstant le terme, si mieux n'aimait le débiteur continuer le paiement de l'intérêt. Cette résiliation se justifie sur ce que n'étant pas possible que les intérêts eussent été bien payés pour un temps, et fussent légitimement refusés pour un autre temps du même terme de l'obligation, il s'ensuivrait que les parties ne se seraient pas entendues dans les conditions du prêt.

86. Suivant le deuxième § de l'art. 1907, « le taux de l'intérêt conventionnel doit être » fixé par écrit ».

On sentira que cette disposition n'est que pour le cas auquel le taux des intérêts du prêt serait purement arbitraire et abandonné à la liberté des conventions : on peut demander si, dans cette hypothèse, les parties ayant omis de stipuler le taux de l'intérêt, il en résulterait la nullité de la stipulation, ou s'il faudrait que le taux de l'intérêt fût fixé en justice.

La première conclusion de cette alterna-
tive serait inadmissible, s'il était bien constaté que le prêt eût été fait à intérêt, et que
le capital en eût été délivré sous cette convention ; mais les intérêts devant être estimés,
on se conformerait à la fixation commune
des intérêts du retard qui, suivant l'art. 1153,
est le taux légal.

Il faut dire encore que, s'il avait été fait
dans ce cas quelque paiement pour les intérêts, la somme de ce paiement, qui paraîtrait avoir été fait à ce titre, servirait à en
fixer le taux pour l'avenir, à moins que l'emprunteur ne préférât de rembourser le capital
du prêt.

Mais lorsque l'intérêt est nécessairement
soumis au taux légal, il est facile de sentir
qu'alors il n'a pas besoin d'être par écrit. Il
suffit que la convention exprime que le prêt
est à intérêt : cette seule expression de la stipulation appelle le taux légal. Ainsi cette
disposition de l'art. 1907 doit s'entendre
comme s'il était statué que, dans tous les cas

10.

où le prêt sera fait à intérêt, sans que le taux
en ait été fixé par écrit, quand il est permis
de le fixer à la volonté des contractants, l'intérêt sera au taux légal.

CHAPITRE II.

Des intérêts dus sans convention et par la demeure. Explication des articles 1904 et 1153 du Code civil.

~~~~~~~~

SOMMAIRES.

87. DES différentes espèces d'intérêts, et de leur nature dérivant de leurs causes.

88. Des causes des intérêts dus de plein droit, et indépendamment de la demande.

89. Des diverses espèces auxquelles ces causes s'étendent.

90. Comment ces intérêts sont dus, et de ceux sujets à une mise en demeure, et de la nature des intérêts; du retard de paiement.

91. Comment se fait la mise en demeure pour le retard du paiement, et comment on en est relevé.

92. Si la novation purge la demeure, et comment.
~~~~~~~~

93. Du moyen de purger la demeure ; résultant des offres et de la consignation.

94. Si l'on peut prétendre des intérêts après le paiement du capital de la dette , ou lorsqu'ils n'ont pas été compris dans le jugement.

———

87. Il est des contrats et des quasi-contrats par l'effet desquels les intérêts sont dus du jour de la demeure de payer le principal ; il en est d'autres dans lesquels ils sont dus indépendamment de la demeure ou avant la demeure , et où ils résultent de la nature de la dette principale ; d'autres enfin où ils sont dus par le privilège de la cause ou des personnes. Toutes ces sources de l'intérêt sont renfermées dans les deux articles du Code que l'on se propose d'expliquer ici. Les dispositions de ces articles sont : 1°, qu'en toutes sortes de prêts et de dettes, le débiteur qui n'a pas payé la somme due, au temps convenu, en doit les intérêts, s'ils sont demandés, et du jour de la demande formée contre lui en justice ;

2° Que ces intérêts tiennent lieu de dommages et intérêts, pour la privation que le créancier a souffert de la somme qui lui est due , mais que ces dommages et intérêts, aussi-bien que ceux qui peuvent être accordés pour le retard de l'exécution de toute obligation, réduits à une somme de deniers, ne peuvent excéder le taux légal des intérêts, sauf les règles relatives au commerce, dont il a été déjà parlé, et celles pour les cautionnements ;

3° Qu'en conséquence les dommages et intérêts ainsi réglés ne se rapportent plus à la perte que le créancier peut éprouver, puisqu'ils sont toujours dus et toujours les mêmes, soit que la perte puisse ou qu'elle ne puisse pas être justifiée ;

4° Enfin, que ces intérêts ne sont dus que du jour de la demande, si ce n'est dans les cas où la loi les fait courir de plein droit.

On est donc obligé, pour l'exécution des dispositions de la loi ci-dessus énoncée, d'entrer dans l'explication des différentes espèces d'intérêts : savoir, de ceux qui courent de plein droit, ou qui sont produits par la nature de la dette, ou qui sont dus à cause du privilége de la personne, et de ceux qui naissent de la demeure, dans lesquels il faut encore distinguer ceux relatifs à la demeure d'exécuter une convention, ou à la demeure de payer une somme due.

88. On remarque donc, comme devant produire des intérêts indépendamment de la demeure :

1° Le prix d'une chose achetée, lorsque l'acheteur jouit de la chose qui lui a été livrée : les intérêts de ce prix sont dus du jour de l'entrée en jouissance de l'acheteur, si le prix est dû sans terme, ou de l'échéance du terme, s'il y en a un ; mais dans l'un et l'autre cas, c'est sans qu'il soit besoin que l'acheteur ait été mis en demeure de payer. L'art. 1652 du Code civil n'a fait sur ce point que confirmer et passer en loi positive ce qui était certain dans la jurisprudence, et ce qui avait

une décision formelle dans le Code de Justinien en ces termes (1) : *perceptorum fructuum ratio, licet nulla mora intercesserit, has
usuras generavit.*

Dans cette décision, le motif *ratio perceptorum fructuum est exempli gratia :* elle n'est
donc pas restreinte à ce seul cas de la production des fruits, mais elle s'est étendue à
tout immeuble, et à tout objet qui s'y assi-
mille, capable de donner un revenu ou une
jonissance quelconque, tel qu'une universa-
lité de meubles, ou un fonds de commerce,
ou une entreprise industrielle de quelqu'importance : c'est ce qu'exprime la deuxième
partie de cet article 1692, en disant : *Si la
chose vendue et livrée produit des fruits ou
autres revenus.* Cela s'étend à tout ce qui est
susceptible de se louer, ou de produire par
tout autre moyen un revenu quelconque.

Ce qui se dit ici de la rente s'applique
également à toute espèce de transport de la

______

(2) Cod. de act. empt.

propriété d'un fonds et de droits équipollents, qui peut porter un prix ou un retour, tels que le partage, l'échange, la transaction, la donation onéreuse ; il s'applique, en un mot, à tous les cas où l'on peut devoir une restitution de choses qui puissent produire des fruits et revenus, comme des parts et portions de biens, des droits de successions, s'ils se trouvent liquidés et fixés à une certaine somme.

89. Dans toutes les situations semblables où la chose due représente un fonds ou un capital, les intérêts en sont dus ; ainsi dans la société, dans la gestion pour autrui, dans l'accomplissement d'un mandat, les intérêts sont dus indépendamment de la demeure, et de plein droit ; c'est-à-dire qu'ils courent du jour auquel la dette est née, auquel il est établi que l'associé, le mandataire, le gérant pour un absent, ou de l'affaire d'autrui, a profité de quelque chose qui a dû revenir à la société, au mandant, etc. C'est ce qui est établi par

le Code civil, par les art. 1846 et 1996.

Il en est de même des legs et fidéicommis, dont les intérêts sont dus du jour que le légataire est saisi, soit par la disposition même du testament, soit d'après sa demande, conformément à la loi ; il est en de même aussi du paiement ou de la restitution de la dot : pour le premier cas, ils sont dus du jour du mariage, et pour le second, du jour de sa dissolution ; enfin de toutes restitutions de droit, reprises et conventions matrimoniales, du jour qu'elles ont dû être faites.

90. Ces intérêts sont toujours dus, comme ceux de la demeure, suivant le taux fixé par la loi : il en est de même de ceux dus par rapport aux qualités de certaines personnes, comme des comptables, du jour qu'ils ont été mis en demeure de rendre leurs comptes ; des tuteurs et autres administrateurs qui ont fait tourner à leur profit les deniers provenant de leur gestion et administration, du jour qu'ils en ont profité, et en général, du

jour qu'ils ont dû rendre compte, ou même du jour que les deniers, qui sont entre leurs mains ont dû être placés.

A l'égard de tous les intérêts qui ne courent pas de plein droit, ils ne sont pas dus, comme l'intérêt conventionnel, en vertu d'une obligation secondaire ; ils le sont à titre d'indemnité du retard de paiement de la dette, et de l'office du juge qui en a la connaissance. Ces intérêts se distinguent essentiellement de ceux qui courent de plein droit.

91. Le débiteur est mis en demeure par la seule demande du paiement de la dette exigible contre lui ; c'est pourquoi l'on dit que les intérêts sont dus du jour de la demande. On a même décidé qu'un créancier qui s'est désisté de la demande qu'il avait formée du principal et intérêts, ne peut exiger ces intérêts si le paiement du principal a précédé une nouvelle demande, ou s'il est valablement offert. Il y a même des cas où il

n'est point dû d'intérêts, quoiqu'il y ait une demande, c'est ou celui d'un arrêt ou opposition qui a empêché le paiement, ou c'est lorsque le créancier n'a pu donner acquit et décharge du paiement offert, ou lorsque le débiteur a quelqu'exception légitime à opposer : mais dans tous ces cas, il faut au moins de la part du débiteur des offres réelles portant sommation de faire cesser l'obstacle au paiement ; et s'il s'agit d'intérêts qui courent de plein droit, il faut que les offres soient suivies de la consignation. Il n'est plus nécessaire maintenant que la validité des offres ait été préalablement jugée ; l'art. 1259 du Code civil a terminé toute controverse sur ce point, et il prescrit les formalités pour faire valablement la consignation.

Au reste, pour que les intérêts soient dus du jour de la demande, il faut que la dette soit déterminée, liquide et exigible.

92. Il est encore une voie par laquelle le débiteur est relevé de la demeure ; c'est par

la novation qu'opère le consentement du créancier à une nouvelle obligation qu'il reçoit : cette novation purge la demeure, et elle fait cesser le cours des intérêts, même dans le cas où la nouvelle obligation est conditionnelle, et où la condition est défaillie, quoique dans ce cas l'ancienne obligation reprenne de plein droit sa force, parce que, malgré la défaillance de la condition, la première obligation, qui avait cessé d'avoir effet, au moins pendant que la condition était pendante, n'a pu pendant ce temps produire de demeure ; or d'après ce que l'on a dit plus haut, que les intérêts de la demeure sont une peine plutôt qu'un accroissement de la dette, la peine a dû cesser du moment que la demeure n'a pu être imputée. Les intérêts ne peuvent donc que renaître, soit du jour que l'obligation a repris sa force, soit du jour d'une nouvelle demande formée après cet événement.

Ce que l'on vient de dire ne regarde que les intérêts *propter moram*, et ne peut s'appliquer aux intérêts qui courent de plein droit : à l'égard de ceux-ci, la condition mise à la nouvelle obligation, n'a pu que tenir l'obligation aux intérêts en suspens, comme celle du principal de la dette.

93. Enfin la demeure du débiteur peut encore être purgée par des offres suivies de consignation de la part d'un tiers pour le débiteur : la dette pouvant être acquittée par un tiers, elle le peut, à plus forte raison, par l'obligation d'un tiers, qui est acceptée du créancier.

Il faut remarquer que l'effet qu'ont les offres et consignation de purger la demeure ne naît que du refus du créancier, qui par là se constitue lui-même en demeure; il faut donc que ce refus soit injuste : car si le créancier a un juste sujet de refuser les offres, soit par leur insuffisance ou parce qu'elles ne sont pas faites en temps et lieu convenables, elles demeurent dans le même état que si elles n'avaient pas été faites.

On allait même plus loin, en suivant une opinion de Cujas, qui était que l'injuste refus du créancier suffisait pour le constituer lui-même en demeure et arrêter le cours des intérêts, même de ceux qui courent de plein droit, indépendamment de la consignation, qui alors n'était pas nécessaire : mais ce sentiment n'a point été suivi dans la jurisprudence, dont notre article 1257 du Code ne fait que confirmer le résultat ; il est conforme à la doctrine d'Ulpien et de Papinien, dont Cujas s'était écarté sur ce point.

94. Tous les intérêts, même ceux qui courent de plein droit, doivent être adjugés par le jugement qui porte la condamnation pour le principal ; et si cette condamnation n'en faisait pas mention, on ne pourrait les exiger. Pothier, qui a adopté dans cette décision le rescrit d'Alexandre (1), la motive

----

(1) L. 13, Cod. *de usuris.*

en outre sur ce que les intérêts de la demeure, et même ceux qui courent de plein droit, diffèrent des intérêts conventionnels, en ce que pour ceux-ci l'action subsiste même après le jugement sur le principal, parce qu'ils sont dus en vertu d'une obligation distincte de celle pour le principal, et qui s'y ajoute; tandis que les intérêts *propter moram* ne sont qu'une suite de la dette principale et une indemnité qui n'est due qu'autant qu'elle est demandée, et qui n'a plus de fondement dès que la dette principale ne subsiste plus.

Ce n'est pas comme une autorité de la loi que l'on présente cette décision, non établie par le Code civil, mais c'est comme une conséquence des principes que le Code a approuvés, et dont la justice palpable et nécessaire doit suppléer à son silence sur ce point.

CHAPITRE III.

Qu'il ne peut y avoir d'intérêts sans capital, ou de l'anatocisme.
Explication de l'art. 1154 du Code civil.

SOMMAIRES.

95. Principe qu'il n'y a point d'intérêts sans capital; conséquences qui s'en déduisent.

96. Comment on peut devoir les intérêts d'intérêts dus et échus : vice de l'anatocisme et remède de l'art. 1154.

97. Si dans le cas où l'intérêt conventionnel serait admis, l'intérêt des intérêts dus et échus pourrait être réglé comme tout autre.

98. Si en général on ne pourrait pas, dans le même état de la législation, élever par convention l'intérêt du retard au-dessus de celui qui serait prononcé par jugement.

99. Question qui dérive de la précédente, de

savoir si , dans le même état de liberté du taux ,
on pourrait stipuler un intérêt accroissant, à défaut de paiement de celui porté par la convention principale. Exemple du droit romain.

100. Limitation de l'intérêt croissant dans les
mêmes lois , et conclusion.

95. Cette vérité, qu'il ne peut y avoir d'intérêts sans une somme principale qui les pro-
duise , est incontestable ; on en tire deux
conséquences : la première , que hors le cas
de la demeure jugée , ou hors celui où par
l'effet de la demeure les intérêts courent de
plein droit, à titre de compensation des fruits
et jouissances , ou des revenus que la chose
a pu produire au débiteur , ou qu'elle aurait
dû produire au créancier, on ne peut pas
faire produire des intérêts par une somme
qui serait à tout instant exigible : en effet, si,
comme on l'a expliqué dans la Préface, l'intérêt n'est en soi que l'équivalent du profit
que l'on peut retirer du capital en l'em-

ployant dans ses affaires, il est certain qu'une somme qui est à tout instant exigible, ne peut pas être employée par celui qui la doit : qu'en conséquence, celui-ci n'en peut tirer aucun parti. On sentira bien qu'il n'est pas question dans ceci de ce qui regarde la banque et le commerce.

La deuxième conséquence de notre règle, c'est que l'intérêt n'étant qu'un accessoire du principal, il ne saurait produire de lui-même d'autres intérêts, parce qu'on n'admet pas d'accession de l'accession.

96. Mais on a reçu dans les règles du droit, que les intérêts échus et non payés, pourront par une novation former un capital qui produit des intérêts. A la vérité, Justinien avait réformé ce point de droit, en défendant dans tous les cas, même par la novation relative à une accumulation d'intérêts échus, d'en percevoir d'autres intérêts. Cette réforme, quoique non promulguée dans les contrées de l'Occident, où les lois de

(133)

Justinien n'eurent point d'autorité, se trouva lorsqu'après la découverte des Pandectes, ces mêmes lois commencèrent à prendre de la faveur, en harmonie avec la prohibition du prêt à intérêts, qui subsistait déjà depuis plus de quatre siècles. C'est ce que justifient les Capitulaires (liv. 1, chap. 114, et liv. 6, chap. 50.) La prohibition embrassa donc aussi ce cas de la novation de la dette pour des intérêts échus et accumulés.

Mais aujourd'hui, la prohibition du prêt à intérêts se trouvant abrogée, nous revenons, non à la loi de Justinien, que l'on peut considérer comme une loi arbitraire qui nous est étrangère, mais aux principes naturels : or on ne peut point admettre d'intérêts de l'intérêt, en ce sens, que faute de payer chaque jour ou chaque mois, la somme des intérêts échus aurait produit de nouveaux intérêts, ce qui serait le véritable anatocisme, justement condamné comme une exaction usuraire et criminelle. C'est contre cet anatocisme que Cicéron, dans son proconsulat en Cilicie, s'é-

leva en statuant que l'on ne pourrait exiger
l'usure de l'usure de chaque mois, mais que
l'on pouvait seulement l'établir pour une
année révolue : on ne peut pas admettre non
plus cet intérêt ainsi réglé et annuel, et si
voisin de l'anatocisme, comme courant de lui-
même et de plein droit ; il faut qu'il y ait
une convention qui fasse de la somme des intérêts échus un nouveau capital, ou au
moins qu'il y ait eu une demande formée en
paiement de ces intérêts échus, par laquelle
on ait conclu au paiement des intérêts de la
somme due. C'est ce double résultat qu'offre
l'art. 1154 du Code civil, en ces termes :

« Les intérêts échus des capitaux peuvent
» produire des intérêts, ou par une de-
» mande judiciaire, ou par une convention
» spéciale, pourvu que, soit dans la demande,
» soit dans la convention, il s'agisse d'in-
» térêts dus au moins pour une année en-
» tière. »

Cette disposition paraît une conséquence
du décret du 2 octobre 1789, sur le prêt à

intérêts, décret simplement répété par l'article 1906 du même Code civil. Il n'y a pas lieu de douter qu'on ne puisse en appliquer le principe aux conventions de cette nature, qui ont pu se faire depuis la promulgation de ce décret même.

97. Il est également certain que dans la demande des intérêts pour une somme d'intérêts échus et accumulés, on ne peut conclure au paiement de ces intérêts qu'en se conformant aux taux fixés par la loi, suivant ce qui est prescrit par l'art. 1153 du Code civil : mais on peut faire la question de savoir si dans le cas où l'intérêt conventionnel peut excéder le taux légal, ces intérêts d'intérêts échus pourraient par la convention être aussi portés au-dessus du taux légal.

Il paraît, au premier aperçu, qu'on peut considérer cette convention comme ayant l'effet d'un nouveau prêt fait par le créancier au débiteur, et en conséquence ne mettre aucune différence entre cet intérêt conventionnel et tout autre. L'art. 1907., en distinguant l'intérêt conventionnel de l'intérêt légal, comprend tout intérêt conventionnel, et ne suppose point qu'il y ait aucune distinction à faire dans la convention d'intérêts.

Cependant, si l'on veut faire attention à la nature de la convention dont il s'agit, on reconnaîtra qu'elle n'a point d'autre cause, que de prévenir la demande judiciaire ; qu'elle a pour matière et pour objet des intérêts du retard. Ce serait donc faire une véritable violence, soit à l'art. 1153, soit à l'art. 1907 lui-même, que de donner à cette convention d'intérêts le caractère et la nature d'un prêt à intérêts, et à l'intérêt celui d'un intérêt purement conventionnel.

Dans la stipulation de l'intérêt qui est conventionnel, on a pour objet un capital dont le prêteur se dépouille en faveur de l'emprunteur, et l'on a en vue le profit que le prêteur pouvait en retirer, et que l'emprunteur doit en retirer ; au lieu que, dans l'intérêt dont il il s'agit ici, l'intérêt convenu pour les intérêts dus et échus est un nouvel accroissement d'une dette déjà formée : or cet accroissement n'est pas autre chose qu'une indemnité du retard de paiement. La liberté de la convention sur cette indemnité serait en contradiction avec l'art. 1153, selon lequel les dommages et intérêts du retard de l'exécution d'une obligation, ne consistent jamais que dans les intérêts fixés par la loi.

98. Il est vrai que cet article ne parle que des dommages et intérêts sur lesquels il est prononcé par jugement, ce qui ramène la question de savoir si on ne peut pas par la convention établir les intérêts du retard au-dessus du taux de ceux fixés par une condamnation.

Cette question présente sous un nouveau jour la nécessité que l'intérêt conventionnel demeure toujours fixé au taux légal, et qu'il n'y ait point de différence à admettre entre l'intérêt du retard et l'intérêt conventionnel ; puisqu'à moins de limiter l'intérêt conventionnel, dans le cas où il serait pour cause de retard de remplir une obligation existante, il se trouverait en contradiction avec l'article 1150 et l'art. 1154 du Code.

C'est ici le lieu de revenir à l'observation faite au chapitre préliminaire, de l'opposition du système du Code aux lois romaines, non depuis le réglement de Justinien, mais dans l'état où le taux légal était simplement la centésime. Ce taux, qui était un maximum pour limiter l'intérêt des prêts, ne donnait pas la mesure uniforme ni de l'intérêt pénal, ni de l'intérêt compensatoire.

L'intérêt pénal pouvait s'élever jusqu'à la doublé centésime, et même, d'après le réglement de Justinien, il pouvait atteindre la centésime à laquelle les intérêts des prêts ne pouvaient pas s'élever. Cela était dans la nature des choses : en effet, si pendant que vous bornez l'intérêt du retard au taux légal, vous admettez que les intérêts stipulés par la convention puissent excéder ce taux, c'est un contre-sens évident ; et les intérêts du retard cesseront de remplir leur objet, qui est de dédommager du retard : il en résultera au contraire, qu'un créancier sera privé de l'utilité de la jouissance de son capital, pendant le retard que le débiteur de mauvaise foi, qui saura bien calculer le bénéfice à faire par cette différence, saura prolonger par les moyens qui ne manquent pas, pour éluder la condamnation ou son exécution.

Il est donc certain que l'art. 1153 ne peu être en harmonie qu'avec la soumission des intérêts des prêts et autres conventions au taux légal, et que, dans le cas contraire de leur affranchissement du taux légal, cette disposition ne fait qu'autoriser les fraudes et les chicanes lucratives pour tout débiteur injuste ; qu'elle rend plus heureux celui qui a stipulé une grosse usure, qui ne peut être retranchée ni diminuée par le jugement, que

12.

celui qui a laissé l'intérêt à l'action de la loi.

Mais pour revenir à notre sujet, ne serait-il pas choquant d'imaginer que la convention qui interviendrait pour arrêter ou prévenir une demande de l'intérêt du retard, qui ne peut excéder le taux légal, n'aurait lieu le plus souvent qu'en fixant cet intérêt à un taux beaucoup plus élevé, d'où il arriverait que cette faculté ne servirait qu'à irriter les créanciers et à exciter de leur part des poursuites violentes contre les malheureux débiteurs, pour les forcer à s'engager dans toute l'énormité des intérêts qu'ils voudraient en exiger.

Il ne faut donc point se faire d'illusion sur cette espèce de convention de l'intérêt : elle ne peut prendre le caractère d'une convention libre ou d'un simple prêt ; l'engagement dans lequel est déjà le débiteur détruit de son côté la liberté, et l'intérêt dont il s'agit ne peut pas plus dans la nouvelle convention qu'il ne le pourrait sur la demande, avoir une autre nature que celle de l'indemnité du retard du paiement. On ne pourrait pas souffrir en effet que l'intérêt du retard de paiement, d'intérêts qui auraient été au taux de 5 pour 100, pussent se trouver élevés à 10 ou 12, ou plus haut, selon que l'avidité du créancier le prescrirait : ce serait le plus odieux de tous les anatocismes.

99. Ceci nous conduit à l'examen d'une autre question non moins importante, qui est de savoir si dans le même système de la liberté de l'intérêt conventionnel, il serait permis de stipuler un intérêt croissant à défaut de paiement de celui fixé par la convention principale.

Pour éclaircir cette question, il faut se rappeler que dans la jurisprudence romaine, on pouvait, même sous le règne des lois qui assujettissaient l'intérêt à un taux qu'il était défendu d'excéder, stipuler qu'à défaut de paiement de l'intérêt stipulé au terme fixé pour son échéance, le débiteur serait soumis à un intérêt plus élevé de cette manière :

« et faute par moi de payer l'intérêt au terme
» de l'échéance, à raison de 5 pour 100 ci-
» dessus convenu, il sera de 10 pour 100. »
Cette convention n'était point un anatocisme
ou l'intérêt de l'intérêt, mais c'était un accroissement conditionnel de l'intérêt stipulé
et principal.

Mais il faut observer aussi que ce qui pa-
raissait légitimer cette convention, c'est que
le taux était si élevé, que c'était un maximum
qu'on n'atteignait jamais dans les stipulations
ordinaires : toutes conventions étaient donc
permises tant que l'intérêt qui y était stipulé
n'excédait pas le taux légitime.

Chez nous, au contraire, où jusqu'ici le
taux des intérêts a été fixé sur le cours
même des affaires, ce taux n'a été qu'un mi-
nimum qu'on a toujours tendu à surpas-
ser ; une semblable convention ne pourrait
donc dans cet état se concilier avec le système de la réduction des intérêts au taux légal ; mais dans le système de la liberté illi-
mitée de l'intérêt conventionnel, on peut

juger à quels excès ne porterait pas l'usage d'une semblable stipulation. On ne peut cependant disconvenir qu'il n'y aurait aucune règle qui pût la faire interdire.

Mais il faut encore ajouter que dans l'usage de cette stipulation, dans la jurisprudence romaine, l'accroissement de l'intérêt ainsi stipulé avait cours de plein droit par le seul événement de la condition, sans qu'il fût besoin d'aucune interpellation ; d'où l'on décidait que la demeure n'était pas encourue, ou plutôt que la condition n'était pas arrivée, s'il y avait eu du côté du créancier le moindre obstacle au paiement de la part du débiteur, comme dans le cas de sa mort, ou de son absence, jusqu'à ce qu'il se fût présenté, ou un héritier déclaré au premier cas, ou un fondé de procuration au second, à qui le paiement pût être fait.

Si donc les choses revenaient à l'état dans lequel cette stipulation pourrait s'introduire à être reçue, il faudrait au moins reconnaître que l'accroissement n'aurait lieu qu'en forme de peine de la demeure ; et qu'alors il faudrait, selon nos règles, qu'elle fût constatée. L'effet de la stipulation rentrerait conséquemment dans la disposition de l'art. 1153, où les intérêts dus à titre de dommages et intérêts ne sont dus que du jour de la demande.

100. Il faut encore observer dans le même cas, cette limitation qui se trouve dans une réponse de Paul, que l'accroissement de l'intérêt ne pourrait, quels que fussent les termes de la stipulation, porter que sur l'intérêt échu et tombé dans la commise, et non sur d'autres ; et que, pour un intérêt annuel, il se renouvellerait à chaque échéance où cette commise aurait lieu, et aurait pu fonder une demande sans porter sur les années ultérieures qui seraient payées au terme ou avant la demande.

Ainsi cette observation fait aussi rentrer cette stipulation dans les termes de l'article 1154 ; et il faut dire, au total, que si l'on avait stipulé un intérêt avec accroissement, faute de payer l'intérêt principal stipulé à ce terme, l'accroissement ne serait dû que pour une année échue d'après la demande, et ne pourrait excéder le taux légal.

Au reste, s'il arrivait qu'une telle convention fût stipulée sur un intérêt au-dessous du taux légal, et pour le porter au cas prévu au taux légal, l'accroissement serait dans ce cas une véritable condition, plutôt qu'une stipulation pénale, et l'on ne doute pas que la convention ne dût s'exécuter dans toute sa plénitude et de plein droit, sur le seul fait de la demeure, comme dans le droit romain.

CHAPITRE IV.

Des intérêts pour fruits, fermages, loyers, rentes et autres revenus, et explication de l'art. 1155 du Code civil.

SOMMAIRES.

101. Principe de la prohibition de l'anatocisme.

102. Que ce principe ne touche en rien l'intérêt des fermages, etc.; motif de l'art. 1155, et développement de l'article.

103. Que cet intérêt ne peut être qu'un dédommagement du retard; conséquence de cette vérité.

104. Que la rente constituée reçoit sur ce point l'application de ce qui est dit pour cette première démonstration.

105. Question traitée par Dumoulin, de savoir si lorsque l'on est convenu, en cas de retard

de paiement d'une rente en denrées, qu'elle serait payée au plus haut prix, on peut cumuler, avec cette convention, l'intérêt du retard.

106. *Quid juris*, si en portant la somme à un prix que le fermier ne pourrait payer, on demandait en même temps l'intérêt du retard que l'on aurait stipulé? si cela peut se rencontrer dans notre droit ?

---

101. La matière traitée au chapitre précédent est la modération de l'anatocisme, qui dans le droit romain se trouvait prohibé : savoir, dans l'ancien droit, hors le cas d'une novation survenue pour les arrérages échus ; dans le nouveau, même dans le cas de la novation qui n'y était point admise, n'étant considérée que comme un moyen facile d'éluder la prohibition ; le fondement de cette prohibition est, comme on l'a vu dans la règle, qu'il n'y a point d'accession de l'accession, d'où l'on a conclu que les intérêts n'étant de leur nature qu'un accroissement, ils ne peuvent produire un ac-

13.

croissement d'eux-mêmes. Aussi a-t-on dit, dans le chapitre précédent, que les interêts n'en peuvent produire d'autres, que lorsqu'une année en étant échue et non payée, il en est fait, soit une demande par l'effet de laquelle cette année se change en un capital nouveau, soit une convention qui produit bien l'effet d'une novation, mais avec plus d'étendue, la formation d'un nouveau capital s'y trouvant reconnue.

102. Ce principe de l'anatocisme ne frappe pas également sur ce qui fait la matière de l'article 1155 du Code, que l'on a à expliquer ici : c'est pourquoi la règle n'est plus la même : en effet, comme l'observe Dumoulin (1), les fruits, les fermages, les rentes ne sont point les accessoires d'un capital; chacune de ces causes d'obligations forme elle-même une dette principale. Cette dette naît du transport fait au fermier, ou loca-

____

(1) *Tractatus contractuum et usurarum, quæst.* 24,

taire, ou preneur à titre de rentes, des jouissances d'un héritage ou d'une maison, ou
d'un capital, moyennant le prix du fermage
ou loyer, ou le montant de l'arrérage. C'est
une obligation dont chaque terme d'échéance
interpelle par lui-même le fermier, locataire ou débiteur de la rente : de sorte que,
lorsque cela est ainsi convenu, les intérêts
peuvent en courir du jour de l'échéance, sans
qu'il soit besoin d'aucune demande ni interpellation judiciaire ; à plus forte raison peut-
on former la demande de tout terme que le
débiteur est en retard de payer, et des intérêts du temps du retard. C'est ce qu'exprime l'article 1155, qui ne fait à cet égard
que consacrer une règle de droit constante.
Cet article porte :

« Néanmoins les revenus échus, tels que
» fermages, loyers, arrérages de rentes per-
» pétuelles et viagères, produisent intérêts
» du jour de la demande ou de la conven-
» tion ; la même règle s'applique aux resti-
» tutions de fruits et aux intérêts payés par

» un tiers au créancier en l'acquit du dé-
» biteur. »

Deux points constants sont établis par cette disposition : le premier, que tout terme échu des fermages, loyers, etc., quel que soit le temps auquel il a été fixé, produit des intérêts soit sur une demande en justice formée après l'échéance , soit sur une convention faite entre le débiteur et le créancier. C'est en quoi cette cause d'intérêts diffère de la précédente. Dans cette précédente, il faut non pas un terme échu, mais une année entière ; le second point, c'est que l'on peut convenir, soit par le contrat primitif, comme bail à ferme ou à loyer, etc., soit par tout autre contrat, qu'à défaut de paiement de la part du débiteur à l'échéance de chaque terme , le montant des loyers ou fermages dus et échus portera de plein droit intérêts du jour de l'échéance.

105. Mais quel est la nature de ce nouvel intérêt, si ce n'est le dédommagement du

retard de paiement? Il faut donc dire qu'il ne peut, ni dans l'un ni dans l'autre cas, c'est-à-dire qu'il ait été stipulé primitivement ou postérieurement, excéder le taux légal, et que, comme on l'a dit dans le chapitre précédent, si la liberté des stipulations de l'intérêt conventionnel au-dessus du taux légal subsistait, elle ne pourrait s'appliquer à cette espèce d'intérêt, procédant d'une obligation dans laquelle le débiteur se trouverait engagé, ce qui détruirait de son côté la liberté de la convention. Il ne faut donc pas confondre dans l'intérêt conventionnel la stipulation de l'intérêt du retard de paiement avec celle des intérêts du prêt : ce sont deux causes toutes différentes.

104. Au reste, il n'y a aucune difficulté à appliquer aux rentes créées à prix d'argent, tout ce que l'on a dit touchant les fermages, loyers ou rentes foncières : dans ces rentes, qu'on appelle rentes constituées, le fonds o u le capital qui est aliéné ne forme plus une dette

principale , il n'est que la cause de l'obligation, et s'il est des circonstances dans lesquelles le débiteur peut être contraint à le
rembourser , c'est par l'effet d'une condition
résolutoire, que la loi y ajoute pour le cas de
cessation du service de la rente ou quelques
autres expliqués ; hors ces cas, la dette principale réside dans les arrérages ou le service
de la rente. Ces arrérages ne sont pas plus
un accessoire que ceux de la rente foncière.
Il suit de là, que la règle qui ne veut pas qu'on
admette l'accession de l'accession , n'est pas
plus contraire à ce que ces arrérages produisent des intérêts, qu'elle ne l'est aux fermages , loyers et autres revenus.

105. Dumoulin (1) a proposé , sur cette
matière des intérêts des loyers, fermages ou
autres revenus, une question qu'il n'est pas
hors de notre sujet d'examiner. Il suppose

---

(1) *Loco citato.*

qu'il s'agit d'une rente, ou de redevances , ou
d'un fermage stipulés et payables en denrées , pour lesquels on aurait stipulé qu'à
défaut de paiement à l'échéance du terme ,
le paiement postérieur pourrait être exigé
au plus haut prix que la denrée aurait eu ,
soit au temps de l'échéance , soit à celui de
la demande , soit dans le temps intermé-
diaire : stipulation bien permise. Il demande
si, dans ce même cas, l'on pourrait avoir utilement stipulé et exiger un intérêt du retard
du paiement ; il répond de suite , et sans hé-
siter , que ce serait vouloir une double accession , un double gain , une double indemnité , ce qui serait tout-à-fait contraire à
l'équité.

En effet, un débiteur solvable ne man-
quera jamais de s'empresser de payer au
temps de l'échéance , lorsque la denrée sera
à un prix bas ou modéré ; il n'y aura donc
que le débiteur embarrassé qui pourra différer le paiement, et c'est par un calcul dans
l'intérêt du créancier , que l'on peut ajouter

cette clause du plus haut prix, qui a certainement le caractère d'une indemnité prévue. Ce serait donc un double emploi manifeste et inique, que de faire concourir avec cette convention une stipulation d'intérêt du retard.

Mais si, après l'option faite par le créancier, le débiteur ne faisait pas le paiement échu, on pourrait par la demande conclure aux intérêts de la somme due du moment de cette demande : ce n'est donc que pour l'intérêt qui serait stipulé concurremment avec le droit d'exiger le plus haut prix dans le contrat même, que l'on dit qu'il y aurait un double emploi inique et une véritable exaction usuraire.

106. Dumoulin suppose encore le cas où un propriétaire ayant affermé ou loué, moyennant un prix excessif, et ayant par là réduit le fermier ou locataire à l'impuissance de payer, exigerait les intérêts du retard, soit par une convention, soit par une demande ;

ou bien il suppose encore cette exigence dans le cas où l'impuissance de payer serait venue d'une perte ou privation de récolte par la grêle ou autre cause de stérilité de force majeure ; il laisse ce cas à l'arbitrage du juge. Le Code n'a pu embrasser de pareilles exceptions : on ne doit pas confondre le premier cas, qu'il n'est pas possible de renfermer dans des termes à soumettre à la justice avec le second.

Dans le premier, on aura toujours à considérer que dans les loyers et fermages il n'y a pas lieu de se plaindre du trop haut prix, parce que la lésion n'y peut être prise en considération, la rescision pour cette cause n'y étant pas admise ; dans le second, la loi pourvoit au tempérament en faveur du fermier qui éprouve les pertes énoncées, et cela est bien dans le pouvoir du juge.

Il est certain, en général, que dans toutes ces causes d'intérêts du retard il y a des circonstances que la loi n'a pas pu prévoir et définir, où l'équité doit être consultée, qui

par conséquent doivent être laissées à l'arbitrage du juge. La loi ne statue que sur ce qui
arrive ordinairement , et non sur les cas
rares qui y font des exceptions nécessaires.

CHAPITRE V.

De l'abandon des fruits à titres d'intérêts, ou de l'antichrèse
fénératice, et explication de l'article 2089.

SOMMAIRE.

107. Explication des deux rapports sous lesquels l'antichrèse peut exister.

108. Comment l'antichrèse fénératice est reçue dans les lois, et esprit de l'article du Code
sur ce point.

109. Quelle était l'ancienne jurisprudence sur
ce point, et comment on doit interpréter l'article 2089.

110. Moyen de s'affranchir de cette convention, et comment on en use.

111. Distinction nécessaire pour l'employer.

107. L'antichrèse, qui fait la matière du

présent chapitre, se présente sous deux rapports ; le premier est l'antichrèse pignoratice, qui n'est qu'une espèce de nantissement ; elle consiste à remettre un héritage entre les mains du créancier de la part du débiteur, pour, par le créancier, en jouir et percevoir les revenus, à la charge de les imputer sur le montant des intérêts de la dette, et même en cas d'excédent sur le capital, pourquoi il en rend compte.

Le second est l'antichrèse fénératice, qui consiste dans l'abandon de la jouissance d'un fonds de la part d'un débiteur à son créancier, pour lui tenir lieu de l'intérêt de sa créance, avec lequel les fruits et jouissances se compensent. C'est cette dernière espèce qui fait l'objet de l'art. 2089 du Code ; quoiqu'elle paraisse admise comme une condition de l'antichrèse pignoratice, elle n'en est pas moins de la matière des intérêts que l'on embrasse dans le présent commentaire.

108. Il est bon de rappeler que, dans le

droit, il est permis de convenir qu'à défaut de paiement des intérets stipulés, le créancier pourra prendre les revenus des biens hypothéqués à la dette en compensation, et jusqu'à concurrence des intérêts légitimes; la compensation s'admet indifféremment lorsque l'intérêt stipulé est au-dessous du légitime, parce qu'alors, encore bien que les fruits puissent excéder l'intérêt, ce n'est point une accession de l'accession, c'est plutôt un accroissement conditionnel, semblable à celui que l'on a vu se pratiquer dans les conventions de l'intérêt croissant toutes les fois qu'il n'excède pas le taux légal.

On est allé plus loin ici, en décidant qu'à raison de l'incertitude de la production et de la valeur des fruits, on pouvait donner les fruits et jouissances d'un héritage pour tenir lieu de l'intérêt d'une somme prêtée. Cette décision, portée par la loi 17, *Cod. de usuris*, concourait avec la prohibition d'excéder le taux légal, qui n'y faisait point de préjudice. C'est ce qu'a observé Cujas (Obs. 3, chap. 35); telle est aussi la disposition de notre article : il porte ; lorsque les parties ont stipulé que les fruits se compenseront avec les intérêts, ou totalement ou jusqu'à due concurrence, cette convention s'exécute comme toute autre qui n'est point prohibée par les lois.

La loi établit simplement le principe de la liberté de cette stipulation ; mais elle n'est point entrée dans la distinction des différents cas, qu'on ne doit pas pour cela se dispenser de rechercher et d'examiner.

109. Ce principe était bien admis généralement dans le droit : mais, eu égard à la double prohibition et du prêt à intérêts et de l'élévation au-dessus du taux légal, en premier lieu on n'admettait pas l'antichrèse dans les contrats et actes de la volonté, tels que la constitution de rente à prix d'argent, qui étant rigoureusement soumise au taux légal, ne pouvait être faite ni en denrées, ni en aucune autre valeur incertaine,

et dont la rente ne pouvait être qu'en deniers, au taux de l'intérêt légal ; on ne l'admettait donc que pour les intérêts nécessaires, tels que ceux de la demeure, qui couraient de plein droit.

En deuxième lieu, et même dans ces intérêts, il ne fallait pas que les fruits et jouissances, s'ils étaient réduits à une valeur certaine et liquidée, comme par baux à loyers ou à fermes, pussent excéder notablement le taux légal, comme du tiers au quart : dans un pareil cas, on aurait prononcé la réduction et l'imputation de l'excédant sur le capital.

Cette double limite n'a plus lieu dans le rapport de l'antichrèse avec l'intérêt conventionnel, et de tout autre intérêt qui est ou peut être affranchi du taux légal ; cela est hors de toute difficulté : mais s'il s'agit d'intérêts nécessairement soumis au taux légal, comme dans le cas de l'art. 1153, et dans tous cas, où l'intérêt même conventionnel doit y être soumis, il est certainement per-

mis de représenter qu'alors on ne peut s'empêcher d'envisager d'un côté la facilité d'a-
buser de l'embarras d'un débiteur, qui ne
peut refuser de se mettre à la discrétion du
créancier, si celui-ci est dur et avide ; d'un
autre côté, que cette convention admise sans
réserve offre un moyen facile d'écarter l'article 1153, en convertissant l'intérêt du retard en un intérêt lucratif ; ce qui aurait un
même inconvénient pour tout intérêt soumis
au taux de la loi.

On peut dire, pour ces cas, que lorsque
l'art. 2089 porte que cette convention s'exécute comme toute autre qui n'est pas prohibée, cela doit s'entendre de celles où la
bonne foi préside, et non de celles qui auraient l'effet comme l'intention d'éluder d'autres lois prohibitives ; il ne faut pas oublier
non plus que toutes ces conventions sont de
la nature du contrat synallagmatique, qui est
toujours soumis à la règle de l'égalité, qui
doit y être observée. Il semble donc qu'il
pourrait dépendre du juge d'entrer dans

l'examen d'une telle convention, pour modérer l'excès de l'usure que l'on aurait manifestement pratiquée par cette voie, selon qu'elle serait en évidence et excessive.

110. Au reste, il est toujours au pouvoir du débiteur de faire cesser à son égard le préjudice d'une telle convention, en offrant le paiement du capital; il est certain que cette offre en fait cesser tout l'effet, et donne ouverture à l'obligation de rendre compte des fruits et jouissances ou revenus, et à leur imputation sur le principal après les intérêts payés.

Il faut remarquer que les simples offres réelles non suivies de consignation, quoiqu'insuffisantes pour arrêter le cours des intérêts, suffiraient néanmoins pour arrêter l'exécution de cette convention, et pour faire convertir le contrat en simple antichrèse pignoratice, qui assujettit au compte et à l'imputation, parce qu'il est de sa nature toujours révocable : en effet, d'un côté, il ne saurait contenir d'aliénation , l'aliénation étant incompatible avec l'antichrèse, comme le déclare l'art. 2088 du Code ; d'un autre côté, ce contrat, qui n'est que de la nature du gage, est par là soumis à la faculté perpétuelle et imprescriptible de rembourser ; faculté à laquelle rien ne peut s'opposer ; enfin il a contre lui la faveur de la libération, qui réclame éternellement pour le débiteur ; ainsi la notification à la requête du dernier , de l'intention où il est de rembourser, accompagnée d'offres réelles , rend la dette exigible, sans doute, mais elle fait en même temps cesser cette acquisition au créancier des fruits et revenus du débiteur.

111. Il faut pour cela distinguer l'antichrèse fénératice formelle et proprement dite , expliquée par l'art. 2089 , de la convention qui consisterait à céder , de la part du débiteur à son créancier, pour un temps déterminé, les fruits et jouissances d'un fonds, moyennant un prix fait par chaque

année ou autre terme , dont on aurait en même temps consenti la compensation avec l'intérêt de sommes prêtées pour le même temps , ou moyennant l'intérêt de cette somme même, qui ne serait exigible qu'après ce temps déterminé.

Cette convention ainsi stipulée, contiendrait un bail à loyer ou à ferme , et quel qu'en fût le prix , on ne doit pas perdre de vue que la recherche de la lésion n'y est point admise ; ou bien , supposé qu'en considérant la convention comme une vente à faculté de réméré , on jugeât que la lésion pût y être une cause de rescision , ce serait une cause toute différente de ce qui nous occupe ici.

C'est donc dans le seul cas d'un prix fixé, compensé avec des intérêts aussi fixés, que pourrait se trouver l'application des observations précédentes , relativement à l'excès des intérêts; mais, dans aucun cas, on ne pourrait appliquer ce que nous disons de la révocation à l'antichrèse proprement dite, telle qu'elle se trouve définie par l'art. 2089.

CHAPITRE VI ET DERNIER.

Comment le cours des intérêts cesse, et explication de l'article 1908 du Code civil.

SOMMAIRES.

112. De la cause de cessation des intérêts exprimée par l'article du Code, qui est une présomption, et de la nature de cette présomption.

113. Autres causes de cessation à observer; 1° de la compensation, comment et dans quel cas elle s'opère.

114. Du cas où le débiteur de la rente ou intérêt serait créancier d'une somme moindre que le capital et arrérages dus, et de la compensation par parties.

115. Observation de Dumoulin sur la rencontre d'une dette compensable avec l'exigibilité du capital de la rente, par l'effet de la commise, et si cet effet cesse par la rencontre d'une dette exigible compensable.

116. De l'effet des offres et de la consignation, et de celles faites par un tiers, relativement à l'extinction de la rente.

117. De la nature et de l'état des deniers pour la validité des offres et consignation et des autres causes de cessation du cours des intérêts.

112. Le Code civil ne statue que sur un cas de cessation des intérêts ; c'est celui où, par la quittance du capital donnée sans réserve, ils paraissent et sont présumés payés, quoique la quittance ne l'exprime pas ; telle est la disposition de l'article 1908, ainsi conçu :

« La quittance du capital donnée sans ré-
» serve des intérêts, en fait présumer le
» paiement, et en opère la libération. »

Cette présomption de paiement était la même dans la jurisprudence ; on la fondait sur ce qu'il n'est pas naturel de penser que le créancier ait pu recevoir le capital, qui est la cause de la dette des intérêts, sans se faire payer de ceux-ci qui, comme revenus, forment une dette plus présente et plus urgente que celle du capital.

Il s'agit ici de déterminer la nature de cette présomption et ses suites : c'est une présomption légale de la nature de celles définies par l'art. 1350 du Code, qui, suivant l'art. 1352, dispensent de toute preuve ; mais elles n'excluent pas la preuve contraire ; il s'ensuit que, dans le cas où la preuve par témoins est reçue, et dans celui où quelque circonstance supplée à la réserve non exprimée littéralement, la présomption cesse et les intérêts omis peuvent être demandés.

Cette présomption n'est pas comparable à celle de la prescription de cinq ans pour les arrérages et intérêts, qui est de celles qui excluent l'action, comme il est marqué par sa disposition, qui ne réserve pas, comme les précédentes, la faculté de déférer le serment.

113. La loi n'a exprimé que ce seul cas de cessation du cours des intérêts, parce que les autres ont pu paraître renfermés dans les

causes générales de l'extinction des obligations. Nous ne nous arrêterons qu'à celles de
la compensation et des offres et consignations qui peuvent avoir quelques particula-
rités relatives à cette matière.

Il faut d'abord observer, sur la compensation, qu'elle s'opère de deux manières, soit
de plein droit, soit sur la réquisition du débiteur qui a une dette qui peut se compenser
de son consentement ; la compensation se
fait de plein droit, suivant l'art. 1991 du
Code, lorsque les deux dettes sont de la
même nature et également liquides et exigibles. Ainsi une dette portant intérêts, et
dont le capital est exigible, se compense, tant
pour le capital que pour les intérêts échus,
avec une autre dette dont la somme, pareillement exigible, égale ce capital et ces intérêts. Il n'est pas nécessaire que les deux
dettes portent également intérêts, pourvu
que l'une et l'autre soient pareillement exigibles ; et quoique dans ce concours la dette
d'un capital ne portant point d'intérêts, n'é-

gale pas l'autre, tant en principal qu'intérêts, cela n'empêche pas la compensation,
qui alors se fait jusqu'à la concurrence de la
dette inférieure, et dans laquelle on observe
la règle d'imputation établie par l'art. 1254
du Code civil ; elle se fait donc d'abord sur
les intérêts, de sorte que ce qui excède di-
minue proportionnellement le capital et fait
cesser le cours des intérêts pour la portion
du capital éteinte par la compensation.

Mais si la dette exigible se rencontre avec
un capital de rente, il n'y a point de compensation de plein droit, parce que le débiteur de la rente n'est pas véritablement débiteur du capital, ainsi qu'on l'a déjà expliqué, il a seulement la faculté de s'en libérer ;
il peut bien, en vertu de cette faculté, et en
notifiant son intention de rembourser la
rente, donner ouverture à la compensation,
avec la dette exigible dont il est le créancier,
et si cette dette exigible se trouve égale au
capital et aux arrérages qu'il doit de la rente,
il y a extinction de l'une et l'autre dettes ; les

intérêts ou arrérages ayant dû cesser de courir du jour qu'il a notifié son intention de rembourser. Cette notification est nécessaire pour la preuve, si elle ne pouvait pas se faire par témoins, comme dans tous les cas où cette preuve est exclue ; mais elle peut être suppléée par tout acte qui paraîtrait en tenir lieu, comme un consentement par écrit, qui aurait été reçu par le créancier, et dont la réception de sa part serait établie.

114. Si le débiteur de la rente était créancier d'une somme moindre du capital et arrérages dus, une semblable notification serait insuffisante même pour la portion répondant à la dette ; elle ne pourrait se compenser dans cet état, malgré le créancier de la rente, de même qu'on ne pourrait l'obliger à recevoir un remboursement partiel ; il faudrait alors joindre à la notification de l'intention de rembourser, l'offre réelle de la somme nécessaire pour parfaire le remboursement, et, en même temps, que cette offre fût

suivie de consignation : autrement le créancier de la rente serait reçu lui-même à offrir et consigner la somme dont il serait débiteur, et les arrérages de la rente ne cesseraient pas de courir ; mais il y a, dans tous les cas, compensation des arrérages échus avec tout ou partie de la somme liquide due par le créancier de la rente.

115. Dumoulin enseigne de plus que, quand même le débiteur de la rente serait tombé dans un des cas de commise qui pourrait autoriser le créancier, son débiteur de sommes exigibles, à le forcer au remboursement, cela ne donnerait pas ouverture à la compensation de plein droit, parce que ces cas de commise donnent lieu à une action pour contraindre au remboursement, et ne rendent pas pour cela le principal de la rente exigible *de plano* ; il ne devient dette exigible que par la condamnation. Ainsi, dans les deux cas exprimés par l'art. 1992 , par lequel le débiteur de rente , faute de payer

la rente pendant deux ans , ou de fournir les sûretés promises , peut être contraint au rachat , le créancier a seulement une action , mais n'a pas droit à la compensation de la rente , comme dette exigible.

Par la même raison , la rencontre de la dette exigible envers le débiteur d'une rente n'exempte pas celui-ci de la commise , si ce n'est pour le défaut de paiement des arré_rages , lorsqu'ils concourent avec quelque dette de pareille somme exigible.

116. Pour ce qui est des offres et consignation dont il a déjà été parlé , tout ce qui a été dit touchant ce moyen pour purger la demeure du débiteur et pour arrêter le cours des intérêts , s'applique également aux rentes , pourvu qu'il n'y ait point de suspension du droit de rachat , et à toutes sortes d'intérêts , parce qu'il est toujours au pouvoir du débiteur de se libérer , nonobstant tout refus injuste du créancier.

Mais il faut distinguer les offres du débiteur même et celles qui seraient faites par un tiers, l'efficacité de celles-ci dépendant de la nature de la dette. Ce qu'on a dit précédemment de l'efficacité de paiement fait par un tiers, pour purger la demeure dans le cas d'une dette exigible, et pour arrêter le cours des intérêts, ne peut s'appliquer ni à une rente ni à un autre capital non exigible. Le principe qui fait recevoir le paiement de la part d'un tiers, et pareillement des offres, à l'insu du débiteur et malgré le créancier, c'est la faveur de la libération ; c'est ce principe qui a fait admettre, contre le sentiment des anciens interprètes, la subrogation au créancier, malgré lui, par l'arrêt de réglement du parlement de Paris, de 1690, dont l'établissement, avec toutes ses conditions, a été répété par l'art. 1250 du Code civil.

Les raisons par lesquelles on s'est déterminé, et qui ont prévalu contre le créancier, c'est qu'on ne lui fait aucun tort lorsqu'il est payé, et qu'il ne peut pas être autorisé à

différer la libération du débiteur, et en faveur du débiteur, c'est que le paiement qui
le libère ne peut que lui être avantageux,
parce que celui qui le fait serait sans recours
contre lui, si l'on ne jugeait pas qu'il l'eût
fait utilement pour lui.

Mais il en est autrement lorsqu'il s'agit
d'un capital de rente : un tiers ne peut pas
forcer le créancier à accepter un paiement
dont le rentier n'est pas véritablement débiteur, jusqu'à ce que son intention de le rembourser ait été notifiée, et encore, cette notification faite de sa part ne donne au capital
le caractère d'une dette qu'autant qu'elle est
suivie d'effet.

Le tiers ne pourrait pas même faire accepter de pareilles offres en vue de libération, à
moins qu'elles ne fussent accompagnées d'un
consentement du débiteur, qui témoigne une
acceptation de sa part : ainsi, sous aucun rapport, les offres d'un tiers ne peuvent faire
cesser le cours des arrérages d'une rente, ni

les intérêts d'un capital non actuellement
exigible.

117. Il faut, au surplus, appliquer ici la
règle générale, qui veut que les offres et
consignations ne puissent être valablement
faites qu'avec des deniers suffisants pour opé-
rer le paiement ; ce qui ne peut être, comme
l'enseigne ici Dumoulin, avec les deniers
d'un dépôt qui, étant marqués par des signes
de reconnaissance, peuvent être revendi-
qués, parce que ces signes de reconnaissance
en ont fait un corps certain, qui ne peut
pas cesser par cet emploi d'appartenir au dé-
posant ; mais si de tels signes n'ont pu empêcher que le paiement ne fût fait et reçu
de bonne foi, et que les deniers ne pussent
se confondre avec ceux du créancier, le paiement est valable ; les offres et la consignation
ne pourraient pas l'être, si avant que la consignation eût été retirée, la preuve du signalement était faite et se trouvait conforme à
l'état des espèces.

On suppose une somme déposée par un acte portant la description des espèces, et que cet acte ne se serait retrouvé qu'après le paiement, ou les offres faites de bonne foi par des héritiers qui auraient ignoré le dépôt. Il est certain que, dans le cas du paiement effectué, il ne resterait qu'une action contre les héritiers; mais dans le cas d'une consignation non retirée, la somme pourrait être revendiquée, se trouvant dans un état de conformité parfaite avec le signalement de l'acte de dépôt, alors les offres demeureraient nulles.

On a parlé de la novation qui fait aussi cesser le cours des intérêts; à l'égard de la remise et de la prescription, on ne peut que renvoyer aux règles générales qui les concernent, ces règles n'offrant aucun résultat particulier à la matière des intérêts.

FIN.

TABLE

Des articles de la Préface et des chapitres du Commentaire.

COMMENTAIRE.

FIN DE LA TABLE DES ARTICLES ET DES CHAPITRES.

TABLE RAISONNÉE

DES MATIÈRES,

PAR ORDRE ALPHABÉTIQUE.

Nota. La Préface et le Commentaire étant sous une même série d'articles, le n° indique l'article.

A.

C.

D.

16.

T.

(192)

FIN DE LA TABLE DES MATIÈRES.